복음 파티로
응답을 누리는
매력적인 그리스도인

2024. 이른 봄
김서진

복음파워

복음파워

김서권

HIM BOOKS

비텐베르크 성문을 향하여

김 서 권

은전 몇 닢으로 천국을 사려는가.
하나님의 나라는 믿음으로 간다네.

비텐베르크 성문을 열어젖히어
교리를 끌어내 무릎 꿇리고
교권을 소환하여 믿음 앞에 세우게나.

비텐베르크 사제들의 에봇 자락에
교만하게 흔들리던 비단술들과
하늘에 닿을 듯 곤두선 화관은
굶주린 사자에게 쫓기는
사슴뿔처럼
거추장스러운 것.

마른 지팡이와 한 벌 옷으로
광야를 걷던 베드로 되어,
유대 땅 너른 들판 타는 흙 내음
디베랴 바닷가의 푸른 물 향기
한 데 모아 가슴에 담고
그대들이 못 박은 청년 예수가
바로, 주와 그리스도이심을 노래하게나.

마가 다락방의 좁은 문 사이로
성령의 바람이 불의 혀처럼 밀려와
비텐베르크 성문 위로 휘몰아칠 때,
여리고 성 무너지듯 비명소리 내지르던
로마 대성당 뾰족탑이여.

십자가 앞에서 면죄부는 힘을 잃고
신학은 가고 신앙만 남아
믿음으로 소유하는 하나님 나라
오늘도 내일도 영원하리니.

「욕망의 나비 칼리마」 中에서

프롤로그

하나님이 믿어지는 척, 응답받는 척해도 목사가 될 수는 있다. 과거에 내가 그랬다. 하지만 예수 그리스도 안에 있는 권세와 사랑을 알지 못하면 결코 매력적인 그리스도인이 될 수 없다는 것을 깨달았다. 성경은 그리스도의 영이 없으면 하나님의 사람이 아니라고까지 명확하게 밝히고 있다.

아무리 반복해서 말해도 수고로움이 없고 반복하면 할수록 내 자신은 물론, 온 교회가 안전한 그 이름. 사도 바울이 강밀하게 반복한 메시지, '그리스도'가 '복음파워'다.

철학에 능한 헬라인은 무시하는 그 이름. 자칭 하나님을 잘 믿는다고 하는 유대인들은 꺼리는 그 이름. 그리스도는 하나님의 능력이고 지혜다. 예수 그리스도는 하나님의 비밀이다. 누구나 알면 비밀이 아니다.

하나님이 부르시는 그날까지 나는 이 비밀 이야기를 끝없이 하고 싶다. 그리스도 안에 숨겨진 지혜와 지식의 보화, '복음파워'로 인하여 나 비록 완벽한 목사는 아닐지라도 적어도 위선적 가면을 쓴 목사는 아니라는 것을 하나님 앞에서, 그리고 온 교회 앞에서 담대히 증거할 수 있다.

팬데믹 이후, 만연하게 된 '무기력'을 돌파할 전략을 찾아 이런저런 제안이 분분하다.

운명으로 찾아오는 무기력을 이기고 일어서는 힘이 곧 그리스도 안에 있는 '복음파워'다.

40년 동안 성전 미문에 앉아 구걸했던 앉은뱅이처럼 무기력하고 무능했던 내 운명적 스토리가 그리스도 안에 있는 '복음파워'로 하나님의 히스토리가 되어 하늘의 뭇별과 같이 빛나는 순례자의 여정을 가게 되었으니 나는 분명 행복한 목사다.

로마서 16장에 기록된 그리스도의 제자들처럼 간절한 마음으로 복음의 여정을 함께 걷는 우리 예수사랑교회 가족들과 예수 그리스도, 그 이름 하나로 새롭게 시작하고 새롭게 꿈을 꾸고 그 꿈을 성취시킬 모든 이들에게 이 책이 새로운 힘으로 작동하기를 간절히 기도하며 세상에 보낸다.

2024년, 이른 봄 김서권

복음파워

차례

프롤로그 6

1. 빛 13
2. 힘 65
3. 빈 들 / 연회장 83
4. 비밀 107
5. 고요·쉼 155
6. 여정 171

편집장의 글 246

빛

복음파워

1
—

모세의 율법은 간음한 여인을 돌로 쳐서 죽이라고 하지만 생명의 빛으로 오신 예수 그리스도는 먼저, 우리 속에서 역사하는 무시무시한 시기, 질투, 미움, 미련, 집착으로 몸부림치는 더러운 것부터 내어 쫓으면 하나님의 나라가 임한다고 말씀하신다.

간음한 여인에게 예수님은 말씀하셨다. '나는 세상의 빛이니 나를 따르는 자는 어둠에 다니지 아니하고 생명의 빛을 얻으리라'

마태복음 12장 28절, 요한복음 8장 12절

2

세상의 본질은 어둠이다. 빛의 본질이신 그리스도를 따라가라.

우리 몸에 생명의 빛이 없으면 어둠의 자식이 되어 진리도 없으면서 진리가 있는 척, 흉내만 내는 위선자, 욕심쟁이, 거짓말쟁이 종교인으로 전락하여 세상의 조롱거리가 된다.

요한복음 8장 44절

3
―

베드로와 요한이 이르되 '내게 은과 금은 없거니와 내게 있는 것으로 명하노니 나사렛 예수 그리스도의 이름으로 일어나 걸으라 …… 그가 걷기도 하고 뛰기도 하여 성전에 들어가 하나님을 찬미하니'

사도행전 3장 6~8절

4

종교는 하나님이 우리를 때리고 치셨다고 말한다. 그러나 복음은 하나님이 목숨을 버리기까지 우리를 사랑하신다고 말한다.

야곱의 환도뼈를 치신 하나님의 의도는 하나님을 무시하는 형, 에서를 두려워하는 야곱에게 하나님이 약속하신 구원의 축복을 회복하라는 것이었다.

5
—

하나님을 무서운 존재라고 착각하는 것은 종교다.

복음은 하나님을 아바 아버지라 부르며 하나님과 직접 소통한다.

6

자신의 의지와 상관없이 날 때부터 소경 된 거지에게는 평생 어둠 속에서 안고 살았던 질문이 있었다.

'내 죄입니까? 조상 죄입니까?'

율법적 시각으로 고통을 바라보면 사람 탓, 환경 탓만 하지만 복음적 시각으로 고통을 해석하면 하나님의 역사를 이루는 소중한 기회로 보인다.

예수님은 고통의 문제에 대하여 미래지향적 메시지를 주신다.

'그 누구의 죄도 아니고 조상 죄도 아니다. 예수 그리스도를 통해서 하나님의 일을 나타내려 하심이다.'

요한복음 9장 3절

7

절박한 인생 가운데 바른 믿음을 찾고 있는가?

예수 그리스도를 만난 소경의 증거처럼 한 가지, 분명한 사실은 '예수 그리스도를 만나고 눈을 떴다'는 것이다. 눈을 뜨고 보니 세상은 이상했다. 하나님의 선택을 받았다는 유대 종교인들은 오히려 시비 걸고 부모까지 불러다가 따지고 욕하며 쫓아내고 예수님을 비방했다.

소경의 병을 고치신 이가 누구신가?

죄와 사망의 법에서 생명의 성령의 법으로 우리를 해방시키신 분이시다. 소경은 눈을 뜬 후, 예수님께 엎드려 절하였다.

'내가 믿나이다.'

로마서 8장 2절

8

이 세상은 알아야 할 것을 알지 못하고 만나야 할 진리를 만나지 못하고 보아야 할 것을 보지 못하는 영적 소경 상태로 사망의 두려움에 매여 어둠 속에서 본질상 진노의 자녀로 살아간다. 영적인 눈을 뜨지 못하면 죄의 권세에 가려져 악한 자의 불화살을 맞는 것이다.

절박한 운명, 저주, 재앙에서 빠져나오는 하나님의 방법 창세기 3장 15절은 영적 전쟁의 선포다.

인생의 새로운 패러다임을 열어라. 절박한 문제에 응답하신 예수 그리스도를 삶의 주인으로 고백하고 있는가? 감사함으로 예배하고 있는가? 기뻐하고 있는가? 그리스도를 아느냐, 모르느냐에 따라 운명은 달라진다.

요한복음 9장 41절, 에베소서 2장 3절, 6장 16절

9
—

'세상의 빛'으로 오신 예수 그리스도를 만나야 소경, 거지로 살던 운명적 삶이 끝난다. 예수 그리스도를 통하여 하나님이 하시는 일을 보라. 참된 자유가 시작된다.

하나님이 말씀하시는 죄의 정의는 화살이 과녁을 빗나가듯이 하나님을 믿지 않는 것이다. 하나님이 원하시는 일과 방향이 맞지 않는 것이 죄다.

하나님은 하나님이 약속하신 구원 방법 창세기 3장 15절, 메시아, 예수 그리스도를 통하여 하나님이 하시는 일을 나타내기 원하신다.

원시 복음, 창세기 3장 15절로 자신을 변화시키면 이 땅의 모든 족속이 아브라함의 근원적 축복을 받는다. 예수 그리스도를 통하여 성령 충만을 받지 못하면 반쪽짜리 미완성 종교인으로 산다.

요한복음 9장 5절, 창세기 12장 3절

10

종교는 율법으로 멍에를 씌우고 복음의 말씀은 은혜로 구원을 준다. 복음에 뿌리내리고 복음이 체질화되면 많은 이들에게 자유와 해방을 주는 매력적인 그리스도인이 된다.

'사람이 의롭게 되는 것은 율법의 행위로 말미암음이 아니요 오직 예수 그리스도를 믿음으로 말미암는 줄 알므로 우리도 그리스도 예수를 믿나니 이는 우리가 율법의 행위로써가 아니고 그리스도를 믿음으로써 의롭다 함을 얻으려 함이라 율법의 행위로써는 의롭다 함을 얻을 육체가 없느니라'

복음은 무시하고 할례를 강조하는 바리새인을 향하여 베드로는 책망하였다.

'너희가 어찌하여 하나님을 시험하여 우리 조상과 우리도 능히 메지 못하던 멍에를 제자들의 목에 두려느냐'

율법과 규례로 죄책감의 멍에를 씌우지 말라. 하나님의 자리에 앉아 하나님을 흉내 내지 말라.

복음은 자유와 해방이다.

갈라디아서 2장 16절, 사도행전 15장 10절

11

종교는 경건의 모양만 강조한다.

종교는 믿는 척, 아는 척, 높은 경지에 이른 척 광명한 천사로 위장하여 외식하며 위선자로 살다가 어느 날 한계를 만난다.

복음은 경건의 능력을 실천한다.

복음은 이 땅에 의인은 단 한 명도 없다는 것을 전제로 한다. '안 되는 존재'이기에 하나님의 능력이자 지혜인 그리스도의 능력을 힘입어서만, 땅의 것과 구별된 위로부터 오는 경건을 누릴 수 있는 것이다.

12

종교는 자신이 주체가 되어 스스로 결심하고 결단하여 높은 경지에 오르려고 노력하는 것이지만, 복음은 인간의 전적 부패를 전제로 한다. 의인은 없나니 하나도 없고 모든 사람이 죄를 범하였으매 하나님의 영광에 이르지 못하였다. 그리하여 사도 바울도 자신의 전적 부패를 하나님 앞에서 고백한 것이다.

'오호라 나는 곤고한 사람이로다 이 사망의 몸에서 누가 나를 건져내랴 우리 주 예수 그리스도로 말미암아 하나님께 감사하리로다'

이런 복음을 듣지도 못하고 깨닫지도 못하는 바리새인, 서기관, 유대인들은 마음이 굳어 순종치 않고 무리들 앞에서 그리스도를 비방하였다.

잃어버렸던 복음을 회복하라. 복음으로 이 땅에 오신 예수 그리스도는 불완전하고 악한 세상에서 십자가 죽음으로 승리하셨다.

13

진리를 흉내 내는 종교인의 가면을 벗어버려라. 진리가 있는 척, 믿는 척, 되는 척, 응답받는 척 사탄에게 길들여진 옛사람, 거짓말쟁이, 욕심쟁이 자아를 그리스도 이름으로 깨뜨리면 부활하신 그리스도의 영으로 재창조된다.

그리스도의 영, 성령의 능력으로만 아름답고 매력적인 그리스도인으로 변화될 수 있다.

유대 종교가 감히 흉내 낼 수 없었던 그 이름 예수 그리스도는 길과 진리, 생명이시다.

복음은 예수 그리스도에 대한 증거다. 복음을 변질시키지 말라.

요한복음 5장 39절, 8장 44절, 14장 6절

14

창세기 3장의 근본문제에 무지한 바리새인, 사두개인, 서기관, 종교 지도자들은 원죄 문제를 해결하기보다는 인품, 성품의 가면을 쓰고 의롭게 사는 척 몸부림친다. 그들이 내세웠던 고결한 인격으로 어떤 일을 저질렀는가.

간음하는 현장에 쳐들어가 여자를 끌어내어 예수님 앞에 끌고 왔던 그들은 성경의 율법까지 제시하면서 예수님께 대들고 있다. 자신의 원죄를 모르면 이렇게 무서운 악마로 돌변한다. 이것이 지금 우리가 살고 있는 창세기 3장의 현장이다. 창세기 3장의 운명을 스스로 확인하면 그 누구도 정죄하거나 판단하지 않는다.

간음하다가 끌려온 여인, 율법의 돌에 맞아 죽을 위기에 있는 이 여인 앞에서 예수님은 몸을 굽히시고 흙먼지 날리는 바닥에 무언가를 쓰셨다. 뭐라고 쓰셨을까?

'너희 중에 창세기 3장, 사탄의 유혹에 안 걸려든 자, 돌로 쳐라.' 목사, 장로, 권력자 그 누구도 인간의 한계에서 벗어날 수 없기에, 예수님은 이 땅에 오셔서 악마로 돌변한 우리의 완악함을 깨닫게 하시고 창세기 3장 15절로 구원과 해방과 자유를 주신 것이다.

사탄의 머리를 깨뜨리신 여인의 후손, 메시아, 창세기 3장 15절을 소유한 그리스도인만이 인간의 한계를 인정하고 남을 쉽게 정죄하거나 판단하지 않는 신사적이고 매력적인 그리스도인이 될 수 있다.

15

겉은 깨끗하고 안은 탐욕과 방탕으로 가득한 눈먼 종교인들, 바리새인에게 속지 말라. 영적인 눈이 어두워 맹인된 그들은 유익과 동기에 따라 하루살이는 걸러 내고 낙타는 한입에 삼켜버린다.

이 패역한 시대에 구원을 받고 성령을 선물로 받으라.

살아 계신 하나님의 말씀을 듣고도 돌이켜 갱신하지 않는 것이 재앙이다. '하나님 아버지, 잘못했어요.' 하는 것이 회개라고 착각하지 말라. 실패의 자리에서 자기연민과 상처에 눌려있는 것은 회개가 아니다.

진정한 회개는 하나님의 말씀에 찔림을 받고 하나님을 똑바로 믿는 것이다. '이스라엘 온 집은 확실히 알지니 너희가 십자가에 못 박은 이 예수를 하나님이 주와 그리스도가 되게 하셨느니라'

이 말씀을 듣고 '그렇다면 내가 어찌할꼬.' 마음이 찔릴 때, 회개는 시작된다. 찔림에 머무르지 말고 자유와 해방을 주시는 예수 그리스도의 권세로 영혼과 마음과 생각을 치유시켜라.

마태복음 23장 24~26절, 사도행전 2장 36~41절

16

예수 그리스도를 구주로 영접하여 구원을 받고 오직 예수 그리스도만 따라가는 것이 회개다.

옛사람의 자아를 부인하고 예수 그리스도만 따라가면 여호와 하나님의 때에 이르러 성령을 선물로 받고 약한 자가 강국을, 작은 자가 천을 이룬다.

이사야 60장 20~22절

17

세상의 철학과 종교는 고상하게 살라고 하지만 인간은 원래 그럴 수 없는 존재다.

24시간 시달리는 생각과 황폐해진 마음을 숨긴 채, 고상한 척, 광명한 천사로 위장하여 살다가 두려움, 염려, 낙심, 책임 전가, 집착, 열등감으로 끌고 가는, 창세기 3장에 출현하여 거짓말로 속이는 온 천하를 꾀는 자 사탄의 정체를 알지 못하면 나중 인생이 허무한 인생이 되어 예배당 뜰만 밟다가 응답도 없고 증거도 없이 시간 낭비하는 인생이 된다.

간교한 뱀 속에 들어간 사탄의 거짓말에 속아 육신적인 눈이 밝아진 아담과 하와는 수치와 부끄러움과 열등감을 가리려고 무화과나무 잎으로 치마를 만들어 입었다.

광명한 천사로 위장한 사탄에게 미혹당하지 말라. 교묘한 말로 속이는 자의 거짓말에 속지 말고 그리스도를 믿는 믿음의 굳건함 속에 있으라. 고상하게 살려고 하지 말고 먼저 하나님의 나라부터 건설하라. 하나님의 나라가 여기 있다 저기 있다 하지 말라. 하나님의 나라는 그리스도의 생명을 가진 하나님의 자녀 안에 있다.

하나님의 성령이 우리 안에 계시므로 우리가 곧 하나님의 성전이고 교회다.

예수 그리스도를 영접하고 고백하면 음부의 권세가 이기지 못한다. 묶인 것을 풀어내는 천국 열쇠를 갖게 된다.

임마누엘 하나님, 예수 그리스도께서 우리와 함께하시면 용서 못 할 일도, 이해 못 할 일도, 배려 못 할 일도, 사랑 못 할 일도 없다.

모든 일을 하나님의 계획으로 보는 눈을 열어라. 담대하라. 우리의 싸움은 이겨놓고 싸우는 싸움이다.

창세기 3장 1~7절, 고린도후서 11장 14절, 골로새서 2장 4~5절, 누가복음 17장 21절, 고린도전서 3장 16절, 요한복음 16장 33절

18

눈에 보이지 않는 하나님을 육신적으로 보고 만나고 믿어보려고 몸부림치는 것이 불건전 신비주의, 종교사상이다. 내재된 잠재력을 끌어올려서 하나님같이 되라는 것이 종교다.

종교는 우리의 영혼을 훔치는 마약이다.

그러나 복음은 영혼을 부요케 한다.

19

하나님을 끌어다가 자신의 기준에 맞추려는 종교 체질에서 벗어나라. 하나님의 자리에 앉아 자신이 주체가 되어 스스로의 기준과 수준으로 남을 정죄하고 판단하고 약 올리고 비난하는 것은 사탄에게 중독된 상태다. 오죽하면 마르틴 루터도 교회에 마귀가 들끓는다고 했겠는가?

기독교는 종교가 아니라, 복음이다. 복음은 하나님의 능력이고 지혜다. 하나님이 우리에게 지혜를 주신 것은 오직 하나, 분별력을 가지고 종교의 배후에 역사하는 사탄에게 속지 말라는 것이다.

예수님이 하나님의 본체이시며 성령 하나님, 그리스도이심을 알아야 세 가지 저주, 사탄, 지옥, 죄의 권세를 풀어서 운명도 바꾸고 세상도 바꾸며 영원한 생명도 얻고 살맛도 난다. 교회 뜰만 밟지 말고 하나님의 자녀로서 영적인 세계를 누려라. 복음으로 결단하면 백년의 응답을 받는다.

20

요동치는 육신의 생각을 사로잡아 복종시켜라. 종교의 가면을 쓴 가룟 유다가 되지 말라. 진리를 흉내 내는 거짓 위선자가 되지 말고 예수님께 돌이켜 회개할 기회가 찾아올 때 거절하지 말고 즉각 즉각 회개하라.

가룟 유다의 마음 속에 들어가 예수님을 팔려는 생각을 집어넣은 사탄은 지금도 활동한다.

고린도후서 11장 14절, 요한복음 13장 2절

21

마음대로 생각대로 제멋대로 살면 가룟 유다처럼 예수님의 품을 떠나 밤길을 떠나게 된다.

하나님의 말씀과 상관없이 사는 것이 자유라고 착각하지 말라. 예수님을 메시아, 그리스도로 영접하지 않으면 가룟 유다처럼 사탄의 조종을 받고 어둠의 길을 걷는 인생이 된다.

요한복음 13장 30절

22

하나님의 간섭과 지배를 떠나서 살고 싶어 하는 세속주의, 바벨탑의 문화, 육신의 생각, 하나님과 원수 되게 만들어 죄를 짓게 만드는 마귀의 영을 예수 그리스도 이름으로 내어 쫓으라.

오늘, 갇힌 것, 눌린 것으로부터 자유와 해방을 받아라. 사탄의 노리개로 살지 말라. 예수 그리스도는 마귀의 일을 멸하시려고 이 땅에 오신 만왕의 왕이시다.

요한일서 3장 8절

23

예수님이 그리스도이심을 모르면 하나님을 안다고 하지 말라.

사탄을 우리 발 아래 속히 밟아버리신 평강의 하나님, 예수 그리스도는 영세 전에 감추어졌던 비밀이다.

로마서 16장 20, 25절

24

우리의 뜻을 만족시켜 육신적 욕망을 채워줄 신을 찾는 것이 종교다.

복음은 우리의 뜻이나 세상의 욕망이 아닌, 하나님의 뜻에 따라 사는 것이다. 이루어가는 것이다.
자신의 뜻을 관철시키기 위해 '주여, 주여' 부르짖으며 몸부림치는 것은 종교 행위다.

하나님은 예수 그리스도의 십자가 죽음을 통하여 다 이루어 놓으셨다.

요한복음 19장 30절

25

로마의 백부장 고넬료를 찾아간 갈릴리 어부 출신 베드로는 당당하게 복음을 선포하였다.

'하나님이 나사렛 예수에게 성령과 능력을 기름 붓듯 하셨으매 그가 두루 다니시며 선한 일을 행하시고 마귀에게 눌린 모든 사람을 고치셨으니 이는 하나님이 함께 하셨음이라'

마귀에게 눌린 자를 해방시키려고 만왕의 왕으로 예수 그리스도께서 이 땅에 오셨다. 이것이 굿 뉴스, 복음이다.

사도행전 10장 38절

26

복음 없는 종교, 복음 없는 언론, 복음 없는 경제에 속지 말라. 영혼이 탄식하며 피곤해진다.

거듭남과 회개가 없는 종교사상은 소요를 일으켜 놓고 책임을 전가하고 성급한 성질대로 발작 증세를 일으켜서 분열을 유도한다.

유익과 동기를 위해 아첨하는 말로 살인도 불사하는 것이 복음 없는 종교사상이다.

27

예수님을 병 고치는 의사로만 착각하고, 오천 명을 먹이는 경제 해결자로 모시려고 아첨하며, 말씀에 능력이 있는 것을 보고 재판장 삼으려다가 결정적인 순간에 예수님이 미쳤다고 정죄하는 이기적 종교인들.

예수님은 이기적 욕망과 유익을 위해 억지로 왕 삼으려는 완악한 종교인들을 피하시고 숨으셨다.

사망 권세, 지옥 권세, 죄의 권세로 왕 노릇 하는 종교적 독소를 우리의 몸에서 뽑아내는 것이 신앙생활의 우선순위다.

요한복음 12장 36절

28

감사도 없이, 진리도 없이 율법으로 정죄하고 판단하고 습관적으로 교회만 다니는 종교적 옛 틀에서 벗어나라. 종교적 독소를 뽑아내라.

예수 그리스도는 진리의 영이시다. 진리의 영, 그리스도를 따라가라. 진리의 영은 모든 것으로부터 자유케 한다.

요한복음 8장 32절

29

광명한 천사로 가장한 채, 기득권을 놓치는 불이익 앞에서 하나님의 이름을 빙자하여 살인 음모를 꾸미는 가증스러운 종교인들의 교권과 교리, 교훈에 길들여졌던 옛 것, 종교적 독소를 뽑아내라.

한 알의 밀알이 땅에 묻히고 밟혀야 꽃을 피우고 열매 맺듯이 옛사람이 죽어야 새로운 피조물로 재창조된다.

30

하나님의 형상대로 지음 받은 영적 존재들이 존재 이유도 모른 채 먹고 마시고 자는 수준으로 사는 육체로 전락하면 사회가 요구하는 이념과 종교사상에 질질 끌려다니다가 교회는 조롱거리가 되고 개인은 어느 날 예측불허로 찾아오는 죽음의 공포와 질병의 두려움, 재앙을 이길 수 없다.

이것이 창세기 6장, 귀신이 창궐하는 네피림 세상이다. 이때, 하나님은 노아를 불러 이유 있는 삶을 살라고 창세기 6장 14절, 구원의 방주를 지으라는 언약을 주셨다.

오늘, 노아처럼 가족을 위하여 구원의 방주를 짓고 흑암 세력이 생각과 마음에 침투하지 못하도록 안팎으로 역청을 칠하라. 그리하면 생명이 보존된다.

창세기 6장 14~20절

31

하나님의 대리인 행세를 하면서 바벨탑만 쌓는 종교에 속지 말라. 종교에 빠지면 자기 우상을 하나님으로 착각하여 갱신 없이 살면서 안식도 없이 무거운 짐을 지고 사는 것이다.

하나님의 자녀라는 자긍심으로 살아라. 심판하고 정죄하는 율법주의, 요행을 바라는 인본주의, 불건전한 미신적 신비주의, 돌고 도는 윤회설, 샤머니즘, 영지주의, 위선적 박애주의, 모든 육신적 생각을 사로잡아 예수 그리스도 이름으로 내어버리는 것이 내적 변화의 시작이다.

골로새서 3장 5절, 요한복음 16장 11절, 고린도후서 4장 4절, 마태복음 11장 28절

32

스스로의 사람이 되어 하나님 자리에 앉아 무너질 바벨탑만 쌓아 올리는 열심 체질, 무기력과 무능과 질병의 저주, 노예 체질, 거지 근성, 평생 교회를 다니고도 해결되지 않는 운명의 굴레에서 빠져나오는 길은 오직 예수 그리스도시다.

천하에 구원 얻을 다른 이름을 하나님이 우리에게 주신 적이 없다. 예수 그리스도는 완전 복음이다.

사도행전 4장 12절

33

박수무당, 점쟁이가 주문 외우듯이 예수 이름 부르면 제사장 스게와의 일곱 아들처럼 그리스도를 흉내만 내다가 망신만 당한다. 육신의 생각은 하나님과 원수되는 것이다.

하나님이 보내신 독생자 예수 그리스도를 믿고 영접하라.

창세기 3장 15절, 사탄의 머리를 밟아버린 구약의 메시아가 마태복음 16장 16절, 신약의 그리스도로 오셨다. 히브리서 1장 3절, 그리스도는 근본 하나님의 본체이시며 하나님의 형상이시나 우리를 구원하시려고 자기를 비워 종의 형체를 가지고 낮고 천한 몸으로 이 땅에 오셨다. 그리스도께서 십자가에서 죽기까지 복종하신 것은 우리의 죄와 저주를 끊어주기 위함이다. 만물을 붙들고 계시는 예수 그리스도 이름으로 죄를 고백하면 우리를 정결케 하신다.

예수 그리스도께서 찔림은 우리의 허물 때문이요, 그가 상함은 우리의 죄악 때문이며, 그가 징계를 받으므로 우리가 평화를 누리고, 그리스도께서 채찍에 맞으므로 우리가 나음을 입었다.

성결케 되는 도, 그리스도 안에는 하나님의 나라와 보좌의 축복과 시공간을 초월하는 하나님의 능력이 있다.

그리스도의 도가 흥왕할 때 은장식 부적을 만들어 이익을 취하던 기득권들과 종교 지도자들은 발작 증세를 일으키며 소란을 피웠다.

그리스도의 생명력을 부인하고 유익 앞에서 소란을 피우는 미신적 불신앙을 제거하라. 그리스도의 절대성, 복음 안에만 재창조의 능력이 있다.

로마서 8장 6~7절, 이사야 53장 5절, 사도행전 19장 26절, 로마서 1장 16~17절

34

추상적, 감정적, 논리적 신앙에서 벗어나라.

추상적 신앙을 버려라. 하나님이 진짜 살아 계시면 하나님을 만나는 것이 당연하고, 하나님이 진짜 응답하시는 분이라면 사실적인 응답을 받는 것이 마땅하다.

오천 년 유구한 역사 속에 각인된 샤머니즘, 귀신 문화, 점치는 체질을 그리스도 이름으로 뽑아내지 않으면 교회 다니면서도 막연하게 '잘 될 거야.' 하는 추상적 신앙에 빠진다. 그러다가 잘 안 되면, 한계를 느끼고, 포기하고, 잘 나가는 것처럼 가면 쓰고, 정신병으로 시달리다가 자살 충동에 빠지거나 교회를 떠나버린다.

35

감정적 신앙을 버려라. 마태복음 16장 16절, 예수님이 그리스도이심을 고백해야만 반석 같은 교회로 세워지고 음부의 권세가 우리를 공격하지 못한다.

그리스도의 비밀을 모르면 문제 앞에서 흔들리는 갈대처럼 감정 따라, 기분 따라 변덕스러워진다.

36

논리적 신앙을 버려라. 율법적 교리에서 벗어나지 못하면 복음을 거부하고 율법이 체질화되어 따지고 시비 걸고 쟁쟁거린다. 심지어, 날 때부터 소경 되어 40년을 거지로 살다가 예수님을 만나 눈을 뜨게 된 자가 예수님에 대하여 증거하니 교권을 가진 바리새인과 제사장이 그를 비난하며 쫓아냈다. 예수가 그리스도라 말하면 핍박하고 출교시켰던 유대교의 헤롯 성전은 A.D 75년, 로마에 의해 무너졌다.

흑암과 공허와 혼돈이 만민을 덮은 이 시대, 창세기 3장 15절, 원시 복음, 메시아, 사탄의 머리를 밟아버리신 그리스도를 모르면 이 세상 신, 공중 권세 잡은 자가 지옥의 블랙홀로 빨아들여서 영벌 속으로 들어가게 만든다.

'예수가 그리스도'이심을 고백하면 '오직 예수'만 보이는 유일성으로 결론이 나고 세상 끝날까지 임마누엘 하나님이 우리와 함께하신다.

요한복음 9장 13~34절, 마태복음 16장 16절, 17장 1~8절, 25장 46절, 28장 20절

37

기근이 들어 남방으로 옮겨갔던 아브라함은 자기 목숨 하나 보존하려고 거짓말쟁이가 되어 부인을 팔아버렸다.

그 누구도 교만할 이유가 없다. 하나님이 없다 하는 고집쟁이로 똬리를 틀고 존재하는 사탄, 악령의 역사를 예수 그리스도 이름으로 무너뜨리고 박살 내라.

그리스도의 영이 없으면 가면 쓴 가짜로 산다. 하나님은 절대 속지 않으신다. 그리스도의 영이 없으면 하나님의 사람이 아니다.

창세기 12장 10~20절, 로마서 8장 9절

38

이 시대는 그리스도인들을 더 이상 사자 굴에 던져 넣지 않는다. 사탄의 고등 전략은 세상적 사상과 논리로 교묘하게 하나님의 말씀을 약화시켜서 그리스도인을 종교인으로 변질시킴으로써 조롱과 멸시의 대상으로 삼는 것이다.

속지 말라. 이 시대의 진정한 그리스도인은 어둠에 잡히지 않는 빛의 자녀다.

39

육신적 생각에 매몰되어 몸부림치게 만드는 사탄의 활동을 예수 그리스도 이름으로 무너뜨려라.

죽음을 이기고 부활하신 그리스도를 자신의 영혼에 선포하여 성령의 사람이 되어라.

40

영적 세계를 보는 영안을 열어라. 복음은 계속 진보된다. 바벨론에 포로로 잡혀간 다니엘은 사자 굴에 던져지는 고난 속에서도 하나님, 메시아, 그리스도와 연결되어 하나님의 음성을 듣고 최고의 은혜를 누렸다.

'너의 빛이 궁창의 빛과 같이 빛날 것이요 많은 사람을 옳은 데로 돌아오게 한 너는 별과 같이 영원토록 빛나리라'

다니엘 12장 3절

41

참 빛, 생명의 빛이 이 세상에 왔으나 어둠이 알아보지 못하였다. 악을 행하는 자는 자기 행위가 악하므로 빛을 미워하고 어둠을 더 사랑하여 빛으로 나아오지 않는다. 이는 그 행위가 드러날까 두렵기 때문이다.

지금 구하라.

우리의 이성과 지식과 지혜가 그리스도의 빛으로 밝아져 해처럼 빛나기를!

요한복음 3장 19~20절

42

종교는 율법을 들이대며 하나님의 법을 어겨서 매를 맞는 것이라고 참소한다. 하지만 예수님은 우리가 맞을 매를 대신하여 뺨을 맞으시고 침 뱉음을 당하셨다. 이 사실을 알지 못하면 아브라함의 딸이라도 사탄에게 메여 죄의식에 눌려서 산다. 사망이 쏘는 것은 율법이다. 율법은 죄의 권능이다.

율법만 강조한 유대 종교인들, 바리새인, 서기관은 결국 예수 그리스도를 십자가에 못 박아버렸다.

율법은 우리를 그리스도께 인도하는 초등교사다. 그리스도를 믿는 믿음을 소유하면 더 이상 초등교사는 필요가 없다.

율법을 폐하러 오신 것이 아니라 율법을 완성하여 승리를 주신 우리 주 하나님, 율법의 마침이 되신 예수 그리스도께 감사하라.

눈에 보이지 않는 성령, 죽음을 이기고 부활하신 그리스도의 영이 우리와 함께하면 눌림에서 벗어나는 자유함 속에서 수치와 부끄러움을 당하지 아니한다.

누가복음 13장 16절, 고린도전서 15장 56~57절, 마태복음 5장 17절, 로마서 10장 4, 9~12절

힘

복음파워

1

종교는 사람 중심으로 사는 것이다.
복음은 하나님 중심으로 사는 것이다.

2

선민사상에 빠져있는 것은 종교다. 선민사상에 빠지면 전쟁을 유발하는 폭도로 변한다.

복음적 전쟁은 혈과 육의 싸움이 아닌 하늘에 있는 악의 영들과의 싸움이다.

3
──

복음은 창조주 하나님의 찬란한 영광이다.

죽음을 이기고 부활하신 그리스도의 십자가는 어떤 종교도 흉내 낼 수 없다.

4

하나님을 섬기는 것은 종교다.

복음은 하나님을 섬기는 것이 아니라 임마누엘 하나님, 예수 그리스도와 함께 하늘과 땅의 권세를 가지고 땅끝까지 증인되는 것이다.

하나님의 계획과 뜻도 모르고 그리스도의 권세도 없이 돌아다니면 조롱거리가 되거나 공허한 말만 무성한 말쟁이가 된다.

5

하나님은 밥이나 먹여주는 분이 아니시다. 하나님을 병이나 고쳐주는 분으로 착각하지 말라. 육신의 정욕과 욕망에 사로잡혀 절제하지 못하게 만드는 욕심쟁이, 진리가 있는 척 흉내만 내다가 불이익 앞에서 발작 증세를 일으키게 만드는 마귀의 일을 예수 그리스도 이름으로 무너뜨려라.

하나님은 우리를 사랑하시되 영원까지 사랑하시는 그리스도시다. 그리스도는 하나님의 능력, 하나님의 지혜, 위로부터 오는 하나님의 권능, 힘이다.

6

절대 불가능을 가능으로 바꾸는 그 이름, 예수 그리스도를 볼 수 있는 영안을 열어라.

로마의 정치권력과 헬라의 논리적인 철학과 유대의 종교를 초월하는 힘이 그리스도의 십자가다.

근본 하나님의 본체시나 하나님과 동등됨을 취할 것으로 여기지 아니하시고 사람의 모양으로 나타나사 자기를 낮추시고 십자가에서 죽기까지 복종하셨던 예수님처럼 자신을 낮추는 영적 싸움이 있어야 그리스도의 역사를 보는 눈이 열린다.

'지혜 있는 자가 어디 있느냐, 선비가 어디 있느냐, 이 세대에 변론가가 어디 있느냐, 헬라인은 지혜를 구하고 유대인은 표적을 구하나, 그리스도는 하나님의 능력이고 하나님의 지혜다.'

강력한 로마가 정치력과 행정력을 가지고 전 세계를 향하여 길을 열어놓은 그 시점에 예수 그리스도는 십자가에서 언약을 성취하셨다.

기득권 유지에 급급하여 사탄의 함정에 빠진 대제사장들이 빌라도를 향하여 예수님의 십자가 명패 위에 '유대인의 왕'이라 쓰지 말고 '자칭' 유대인의 왕이라 쓰라고 요구하지만 빌라도는 '내가 쓸 것을 썼다.'고 대답하였다.

하나님의 역사는 그 누구도 막을 수 없다.

빌립보서 2장 6~8절, 고린도전서 1장 20~24절, 요한복음 19장 22절

7

복음은 창조이고 하나님의 능력이다. 복음을 이해하면 어디를 가든, 무엇을 하든 문제가 없다.

하나님이 주신 복음을 이해하지 못하고 기도로 복음을 체험하지 못하면, 과거의 지나간 것에 잡히고 오늘의 의식주 문제에 잡혀서 아직 오지도 않은 미래 문제에 잡힌다.

창조주 하나님을 인정하라. 예수 그리스도를 따라가면 인생의 방향이 나오고 사람 낚는 어부가 되어 만남의 열매를 맺는다.

복음에 뿌리를 내리고 체험하면 생명 살리는 시대적 역사가 일어난다.

창세기 1장 1~3절, 마태복음 4장 19절

8

하나님은 스스로 계신 분이시다. 육신적 동기에 따라 하나님을 자신의 기준에 맞추어서 마음대로 조종하려는 불신앙이 곧, 하나님을 더듬어 찾는 추상적 종교사상이다.

하나님이 손을 들어 애굽을 치실 때, 모세 한 사람 때문에 이스라엘 백성에게 은혜를 주셨다. 스스로 계신 하나님이 함께하시면 애굽 땅의 은과 금은 이스라엘의 소유가 된다.

9
―

들에 핀 백합화는 솔로몬의 비단옷보다 아름답고 공중에 나는 새는 곡식을 창고에 들이지 않아도 노래한다. 하나님이 허락하지 않으시면 참새 한 마리도 땅에 떨어지지 않는다.

마태복음 10장 29절, 11장 28절

10

하나님은 희망 없는 이들을 불러 소망이 되게 하셨다. 온 땅이 사망의 어둠으로 덮였다 할지라도 하나님이 주신 그리스도를 영혼에 담으면 재창조의 역사는 시작된다.

어둠과 캄캄함이 이 땅을 덮었으니 일어나 빛을 발하라. 열방의 재물과 바다의 풍부가 다가오리라.

전 세계가 복음을 버린다 할지라도 이렇게 고백하라.
'예수님은 그리스도시오, 살아 계신 하나님의 아들이십니다.'

문제 앞에서 흔들리지 않는 반석이 되고 음부의 권세가 이기지 못하며 천국 열쇠를 소유하는 비밀은 올바른 신앙고백 안에 있다.

마태복음 16장 13~20절

11

하나님을 심부름꾼으로 부리지 말라. 자신의 뜻만을 이루기 위해 '주여, 주여.' 부르는 기도는 하나님과 불통이다. 불통의 기도를 계속하면 교활해지고 교만해진다.

염불하듯 중언부언하지 말고 이기적 욕망부터 그리스도 앞에 복종시켜라. 하나님은 그리스도를 통하여 뱀과 전갈을 밟으며 원수의 모든 능력을 제어할 능력과 약한 것, 병든 것을 고치는 권능을 주셨다.

하나님이 주신 그리스도의 생명과 영광을 소유했다면 질병과 가난, 무기력과 죽음의 공포는 이미 끝났다.

마태복음 10장 1절, 누가복음 10장 19절, 요한복음 8장 51절

12

모든 흑암의 소리, 불신앙의 잡소리를 차단하고 그리스도를 믿는 믿음의 기도를 시작하라. 자아 중심의 기도로는 절대로 자신을 바꿀 수 없다.

오직 그리스도의 영, 성령의 역사로만 자신과 환경을 바꿀 수 있다. 땅에 속한 지체를 죽여라. 음란, 부정, 사욕, 시기, 질투, 미움, 악한 정욕과 탐심은 자기 우상이다. 이것으로 인하여 진노가 임한 것이다. 육신의 우상부터 제거하라.

예수 그리스도의 능력으로 누림이 시작된다.

골로새서 3장 5~6절

13
———

그리스도는 생명의 빛이고 세상의 어둠을 비추는 빛이다.

'태초에 말씀이 계시니라. 이 말씀이 하나님과 함께 계셨으니 이 말씀이 곧 창조주 하나님, 예수 그리스도시다.'

말씀이 육신이 되어 이 땅에 오신 그리스도께서 함께하시면 은혜와 진리로 충만해진다.

요한복음 1장 1, 14절

14

알 수 없는 신을 더듬어 찾는 것이 종교이고, 미신이고, 철학이다.

진짜 기도의 대상을 찾아라. 기도의 대상은 명확하다. 만민에게 생명과 호흡을 불어넣으시고 모든 필요를 채워주시는 창조주 하나님은 한 분이시다.

그러므로 무엇을 먹을까, 마실까, 입을까 걱정하지 말라.

15

하나님의 말씀은 살았고 운동력이 있다. 그리스도의 말씀에 의지하여 그리스도의 권세를 가지고 영적 싸움을 시작하면 영혼과 삶과 몸이 수술되고 치유된다.

이 땅은 이 세상 신, 세상 임금, 흑암이 장악하고 있기 때문에 하나님이 창세기 3장 15절, 뱀의 머리를 박살 내고 깨뜨릴 수 있는 복음의 능력을 주신 것이다.

그리스도를 믿는 믿음으로 복음의 능력을 누리면 사탄, 귀신은 결박되고 쫓겨나간다. 귀신 놀음, 미신 놀음, 샤머니즘에 잡혀있지 말고 창세기 3장 15절 여인의 후손, 메시아, 그리스도 이름으로 사탄의 머리, 뱀의 머리를 깨뜨려라.

그리스도는 하나님의 능력이고 지혜다. 세상을 이기는 힘이다.

히브리서 4장 12절, 마태복음 12장 28~29절, 고린도전서 1장 24절

빈들 / 연회장

복음파워

1
―

예수님과 함께 빈 들에 있을 것인가. 세례 요한의 목을 쟁반에 올려놓고 살인의 광기 속에서 먹고 마시는 헤롯 왕의 연회장에 앉아있을 것인가.

차라리 빈 들에 서서 '예수님, 당신은 누구십니까.' 질문해보라.

2

예수님이 누구신지 알게 되면 빈 들에서도 기적의 빵을 먹고 영원히 목마르지 않는 물을 마시게 된다. 갈보리산 십자가에서 우리를 위해 피 흘려 죽으신 예수님, 감람산에서 부활하신 예수님, 마가의 다락방에 성령으로 나타나신 예수님을 알면, 영원토록 함께하시겠다고 약속하신 하나님을 알게 된다.

연회장에 앉아있는 자들을 부러워하지 말고 그들의 말로를 보라. 성전은 무너지고 나라는 침략을 당했다. 헤롯 왕의 연회에 초대받은 기득권과 유대의 종교사상에서 탈출하라. 철학과 전통, 헛된 속임수에 사로잡히지 말라. 세상의 초등학문일 뿐, 그리스도를 따름이 아니다.

그리스도 안에는 지혜와 지식의 모든 보화가 감추어져 있다. 그리스도를 따라 말씀 앞에 순종하고 긍휼을 기대하면 빈 들에서도 부족함이 없는 부요함의 기적이 일어나 항상 기뻐하고 감사하게 된다. 그리스도의 긍휼을 받으면 질병이 치유되고 삶에 누림이 시작된다.

새로운 꿈을 주시고 언약을 실천할 수 있는 힘도 주시고 그 약속을 성취하게 하시는 하나님, 곧 우리 인생의 B.C와 A.D의 분기점이 되어주신 예수 그리스도와 동행하는 신앙을 회복하면 부요함의 기적이 증거로 온다.

골로새서 2장 3~8절, 데살로니가전서 5장 16~17절

3

오병이어의 기적을 기복신앙으로 변질시키지 말라. 있는 것 조금 던져놓고 기적을 맛보려는 악한 동기를 버려라. 예수님은 물고기 두 마리와 떡 다섯 개를 요구하신 것이 아니다. 그리스도를 믿는 믿음을 요구하신 것이다.

합리적으로 대책을 세우는 인본주의를 깨뜨려라. 상식과 기준에 갇혀있으면 하나님을 만날 수도 없고 예수님의 기적을 맛볼 수도 없다. 빈 들에 모인 무리를 먹이기 위해서는 이백 데나리온을 가지고 마을에 가서 먹을 것을 사 오는 것이 빌립의 계산과 상식이었다. 하지만 계산도, 상식도 필요 없는 어린아이는 '내 거 주면 안 될까?' 하는 마음으로 보리 떡 다섯 개와 물고기 두 마리가 든 도시락을 예수님께 드렸다.

'갈 것 없다. 너희가 먹을 것을 주어라.' 라고 말씀하신 예수님은 제자들의 생각을 믿음으로 바꿔주고 싶어 하셨다. 사람은 떡으로만 사는 것이 아니라 하나님의 입에서 나오는 말씀으로 사는 것이다. 그 말씀이 육신이 되어 생명의 떡으로 오신 예수 그리스도 안에 있으면 영광 가운데 그 풍성한 대로 우리의 모든 쓸 것을 채워주신다.

신명기 8장 3절, 빌립보서 4장 19절

4
—

창조주 하나님이 곧 예수 그리스도라는 믿음으로 예수 그리스도를 따라가면 부족함이 부요함으로 채워지는 기적을 맛본다. 하나님이 함께하는 임마누엘의 비밀을 누리면 물고기 두 마리와 떡 다섯 개로 많은 무리가 먹고 열두 광주리가 남을 만큼, 하나님의 권능을 누리게 된다.

영적인 상상력을 가져라. 현재 상황이 비록 물고기 두 마리와 떡 다섯 개밖에 없다 하여도 빈 들에서도 부요함의 기적을 행하시는 예수 그리스도를 믿고 따라가면 모든 가능성의 문이 열린다.

모든 세계가 하나님의 말씀으로 지어졌음을 아는 것이 믿음이다. 이에 대하여 수많은 선진들이 증거하고 있다. 멸망의 길에서 우리를 구원하시려고 하나님이 보내주신 예수 그리스도의 음성을 듣고 마음의 문을 열면 그리스도와 더불어 먹고 마시게 된다.

이는 혈통으로나 육정으로 나지 않고 오직 하나님께로부터 난 자만이 그리스도 이름을 믿고 영접하는 것이다.

입으로 예수님을 주라 시인하면 헬라인이나 유대인이나 차별 없이 구원과 부요함을 주시는 하나님이 우리의 집과 가정과 학업과 산업을 축복하셔서 하나님의 나라가 임하는 누림이 온다.

현주소가 근심과 절망에 있다면 지금, 임마누엘로 바꿔라.

히브리서 11장 1~3절, 요한계시록 3장 20절, 요한복음 1장 12~13절, 로마서 10장 9~12절

5

세례 요한은 정의와 율법으로 혼미한 상태의 헤롯 왕을 이기려다가 오히려 목숨을 잃었다. 혈과 육의 씨름으로는 통치자들과 권세 잡은 자들과 어둠의 주관자들과 하늘에 있는 악의 영들을 절대로 이길 수 없다. 미친 광기로 살인의 칼춤을 추는 헤롯 왕과 그의 아내이자 동생의 부인이었던 헤로디아, 헤로디아의 딸 살로메는 귀신들린 정신 문제로 시달리면서 일평생 사탄의 종노릇하는 존재들이다.

악령에 사로잡힌 그들을 이기는 힘은 오직 복음이다. 마귀의 일을 멸하신 만왕의 왕 그리스도, 죄와 사망의 법에서 생명의 성령의 법으로 모든 죄를 대속하신 참 제사장 그리스도, 하나님을 떠나 패역한 시대 속에서 안전지대로 인도하시는 길 되신 참 선지자 그리스도. 그리스도의 3중직을 사실적으로 적용하고 작동시키는 기도로만 이길 수 있다.

지금 이 시간 영적 현주소를 점검하라.

염려 속에서 시달리고 있는 자신과 무속과 점술, 귀신에 시달리며 사탄의 칼춤을 추는 이 세상과 그 배후에서 역사하는 사탄과의 사실적인 영적 싸움을 시작하라.

반드시 평안과 안식이 찾아온다.

에베소서 6장 12절

6

세례 요한의 죽음을 어떻게 해석하느냐에 따라 이 시대의 성공과 실패가 결정된다.

악한 영의 지배를 받아 혼미한 영적 상태로 정신병에 걸려 판단력과 분별력을 잃어버린 채 의붓딸의 춤에 넋이 빠져서 흉악하게 살고 있는 헤롯 왕과 세례 요한의 목을 쳐도 말리지 않았던 연회장의 서기관, 바리새인, 정치인, 언론인, 춤추는 전문인에 대하여 성경은 폭로하고 있다.

미친 광기에 빠져서 쟁반에 담긴 세례 요한의 머리를 앞에 놓고 먹고 마시며 연회를 즐겼던 헤롯 왕으로 인해 이스라엘 민족은 유리방황하였고, 성전은 돌 위에 돌 하나 남지 않고 무너졌다.

여자가 난 자 중 가장 큰 자라고 칭찬을 들을 만큼 정의롭게 살았던 세례 요한.

하지만 왜, 예수님은 세례 요한을 향하여 천국에서는 작은 자 중 가장 작은 자라고 하셨을까?

예수님이 곧 메시아, 그리스도라는 확신을 가지고 사탄의 머리를 깨뜨리는 영적 싸움이 없으면 사탄의 조종을 받는 자들에게 도리어 목 베임을 당한다. 세례 요한은 정의, 율법, 도덕적 기준을 가지고 헤롯 왕을 향하여 분노하면서 회개하라고 외치다가 죽음을 맞이한 것이다.

그리스도 안에서 율법적 한계를 뛰어넘는 자기 갱신과 변화가 없으면 세례 요한처럼 비참한 말로를 맞이한다.

마태복음 14장 1~12절, 누가복음 7장 28절

7

어설프게 지적질하다가 인생 무너지지 말고 성령 충만부터 받아라. 정의와 윤리와 도덕, 율법을 말하기 전에 복음부터 말해주어라.

하나님은 우리를 자신의 형상으로 창조하셨다는 이유 하나만으로 끝까지 사랑하시고 책임져주신다. 이렇듯 놀라운 사랑을 받고도 정치와 여론에 휩쓸리면 되겠는가. 총체적으로 정신병에 걸려 생각 없이 살고 있는 헤롯 왕을 향하여 창세기 3장 15절, 메시아, 사탄의 머리를 밟아버린 예수 그리스도 이름으로 마귀의 손아귀에서, 죄와 사망의 법에서 빠져나오라고 외쳐라.

사도 바울처럼 자신의 안전이나 유익을 취하지 아니하는 일사각오를 가지고 그 누구를 만나든 깨끗하게 복음만 말하는 매력적인 전도 제자가 되어야 한다.

8

안전지대 없는 이 시대에서 살아남는 길은 그리스도의 혈통으로 사는 것이다. 복의 근원이었던 아브라함과 최고의 왕권을 누렸던 다윗 왕의 자손으로 오신 예수 그리스도의 계보 속으로 들어가라. 하나님의 아들, 예수 그리스도는 복음의 시작이다. 오직 복음으로 사탄의 종노릇에서 자유와 해방을 맛보는 것이 변화와 갱신이다.

이방 땅의 수로보니게 여인은 자신의 딸이 흉악하게 귀신 들렸음을 인정하고 예수 그리스도만을 믿는 믿음과 그리스도의 권세로 그 딸을 살려냈다. 하나님이 함께하시는 그 이름 예수 그리스도로 사탄에게 휘둘려 통제가 안 되는 흉악한 병을 사로잡아 복종시키지 아니하면 복음을 대적하는 자녀들로 인해 가정과 가문이 파괴된다.

일평생 운명의 종노릇하게 만드는 마귀의 체질을 그리스도 이름으로 깨뜨리면 가정과 가문에 진정한 변화와 갱신이 일어난다. 올바른 복음으로 후대를 키워라. 담대하라. 예수 그리스도는 세상을 이기셨다.

임마누엘 하나님이 영원토록 함께하신다는 확신이 있으면 깨끗하고 매력적인 그리스도인이 된다.

마태복음 1장 1절, 마가복음 1장 1절, 요한복음 16장 33절

9

헤롯 왕의 연회장에 초대된 정치와 야합한 자들은 세례 요한의 목을 가져오라는 헤로디아가 정신병자임을 알면서도 권력에 눈이 멀어 아첨하였다. 오늘날 교회가 영적 분별력을 갖지 않으면 헤롯 왕과 같이 정사와 권세 잡은 자들에게 오히려 무시당한다.

이 세상에서 어둠의 주관자들을 무너뜨리고 승리하는 비밀은 그리스도의 3중직, 기름 부음의 능력에 있다. 예수님이 곧 그리스도이심을 믿고 성령의 권능을 힘입어 자신과 세상과 사탄과 싸우는 영적 싸움으로만 갱신과 변화가 시작된다.

핑계 대거나 탓하지 말라. 지키지도 못할 율법과 육신적 언어로 분노 폭발하면 세례 요한처럼 감옥에 갇힌다.

세례 요한은 큰 인물임이 틀림없지만 귀신들린 자들과 싸우는 방법을 몰랐다. 메시아, 그리스도는 알았지만 정작 자신은 그리스도의 제자가 되지 못했다.

윤리적이고 도덕적인 잣대로 헤롯 왕을 비난한 세례 요한은 목이 잘렸으나 애굽의 바로 왕에게 복음을 말한 요셉은 총리가 되었다.

복음을 부끄러워하지 말라. 복음은 모든 믿는 자에게 구원을 주시는 하나님의 능력이다.

마태복음 14장 1~2절, 요한일서 3장 8절, 로마서 10장 12절

10

내재된 잠재력을 끌어올려서 하나님같이 되라는 것이 종교다. 자아 중심, 물질 중심, 명예 중심으로 이기적 욕망에 따라 사람이 만든 하나님을 믿으면 결정적인 순간에 마음대로 하나님을 버리거나 반역한다. 병 고침을 받고도 떠나고 오병이어의 기적을 맛보고도 어느 날 예수님을 배신한다. 자아 중심으로 신을 만들어 놓고 눈에 보이는 것만을 믿는 것이 종교사상이다.

하나님을 아는 지식이 없으면 사람의 일만 도모하다가 하나님의 자리에 앉아 세례 요한처럼 비난하고 지적만 할 뿐 예수님을 따라가지 못하고 결국 목 베임을 당한다.

광야에서 메뚜기와 석청만 먹으며 약대 털옷을 입고 비난하고 지적질만 하면 무슨 의미가 있는가. 부활의 주, 그리스도를 모르면 기쁨과 감격이 사라진다.

하나님은 신비 자체이시지 신비주의자가 아니시다. 엘리야가 표준이 되면 불건전한 신비주의에 빠져서 어느 날 로뎀 나무 밑에 앉아 하나님을 원망한다. 예레미야처럼 선행을 베풀고 박애주의자로 사는 것 같지만, 이는 결국 자신의 공허와 욕망을 채우기 위한 것이어서 광명한 천사로 가장하며 살아간다. 우리의 의는 더러운 옷 같아서 잎사귀 같이 시들어버리므로 죄악이 바람 같이 우리를 몰아가는 것이다.

스스로 만든 하나님을 믿으면 율법주의로 교리를 만들어서 여론재판을 하고 교권을 강화하여 그리스도인을 핍박하다가 지옥까지 끌려간다.

예수님을 믿는데 고통 중에 있는 것은 그리스도가 주인이 되지 못하여 육신을 사탄에게 내어주었기 때문이다. 예수님이 사탄의 머리를 밟아버린 만왕의 왕 그리스도이심을 믿지 못하면 이 세상 신이 혼미케 하여 어둠이 땅을 덮어버리고 캄캄함이 만민을 가려버린다.

사람 앞에서 하소연하지 말고 수고하고 무거운 짐을 부활의 주, 예수 그리스도께 내려놓고 의지하라. 부활의 주, 그리스도 영으로 충만하면 모든 것이 재창조된다.

'그런즉 누구든지 그리스도 안에 있으면 새로운 피조물이라 보라 이전 것은 지나가고 새 것이 되었도다'

예수님이 주 그리스도이심을 고백하면 어떤 상황에서도 흔들리지 않는 반석 같은 교회가 되어 음부의 권세가 이기지 못하는 힘을 소유한다.

위로부터 오는 힘, 천국 열쇠를 가지고 하나님 보좌의 축복을 누리면 가문과 산업에 부요함이 온다.

부활의 주, 예수 그리스도 이름으로 자신과 가정과 가문과 산업 현장을 회복시켜라.

이사야 64장 6절, 고린도전서 5장 5절, 이사야 60장 1~2절, 고린도후서 5장 17절

11

믿음은 선택이 아니라 하나님의 은혜다. 은혜로 구원을 받았으니 구원은 하나님의 선물이다.

그러므로 행위를 자랑하지 말라.

에베소서 2장 8~9절

12

하나님이 주신 구원의 선물이 곧, 부활하신 예수 그리스도이심을 알고 그리스도 이름으로 기도하면 작은 것이든 큰 것이든 두고두고 응답이 온다. 우리가 먼저 하나님을 사랑한 것이 아니다. 하나님이 우리를 사랑하셔서 종의 형체를 가지고 자기를 낮추시어 화목제물로 오셨다.

육신의 생각을 뛰어넘어 육체 밖에서 하나님을 볼 때 비로소 우리가 가는 길을 그가 아시고 그가 우리를 단련하신 후에 정금 같이 되어 나오리라는 고백을 할 수 있는 것이다.

병든 것과 약한 것을 짊어지기 위해 이 땅에 오신 부활의 주 그리스도는 삼위일체 하나님이시다. 부활의 주를 주인으로 모시고 자아를 죽이는 영적 싸움 속에 있으면 말이 필요 없다. 우리의 불신앙을 버리고 예수 그리스도, 그 이름을 부르는 만큼 두려움과 근심, 책임 전가와 상처는 사라지고 치유의 기쁨과 평안, 영원한 생명까지 얻게 된다.

요한일서 4장 10절, 욥기 19장 26절, 23장 10절

13

고난을 이기는 길, 재난에서 보호받는 길이 곧 생명을 주시는 그리스도시다. 성경을 기록한 목적은 예수께서 하나님의 아들, 그리스도이심을 믿고 그 이름을 힙입어 생명을 얻게 하려는 것이다.

죽음을 이기고 부활하신 예수 그리스도가 주인이 되면 평강의 하나님께서 사탄을 우리 발 아래 상하게 하신다.

마태복음 24장 4~8절, 요한복음 20장 31절, 로마서 16장 20절

14

땅으로부터 오는 힘을 가지면 경쟁밖에 없지만, 위로부터 오는 힘을 가지면 경쟁자 없는 축복을 받는다. 예배하는 자리는 십자가 위에서 다 이루신 예수 그리스도를 영접하고 만나는 축복의 자리다.

하나님의 자녀라는 확신 속에 살면 이 세상의 모든 피조물이 우리 앞에 나타나 무릎을 꿇는다.

요한복음 19장 30절, 로마서 8장 19절

비밀

복음파워

1
—

'이는 그들로 마음에 위안을 받고 사랑 안에서 연합하여 확실한 이해의 모든 풍성함과 하나님의 비밀인 그리스도를 깨닫게 하려 함이니 그 안에는 지혜와 지식의 모든 보화가 감추어져 있느니라'

골로새서 2장 2~3절

2

복음 안에는 '죽어야 사는' 비밀이 있다. 한 알의 밀알이 땅에 떨어져 죽어야 많은 열매를 맺듯이 예수 그리스도의 십자가 죽음은 부활과 생명이 되었다.

사탄은 딱 하나, 창세기 3장 15절의 메시아, 마태복음 16장 16절, 그리스도만 모르게 한다.

자신의 힘으로 살아보려고 몸부림치지 말라.

성경대로 오셔서, 성경대로 죽으시고, 성경대로 부활하신 예수님이 창세기 3장 15절, 메시아, 그리스도이심을 믿고 고백하라.

문제 속에서 흔들리지 않는 반석이 되고 음부의 권세가 결코 해치지 못하며 천국 열쇠로 모든 문제를 뚫어버리는 힘이 온다.

요한복음 11장 25절, 12장 24절, 고린도전서 15장 3절, 사도행전 2장 36절, 마태복음 16장 16절

3

그리스도의 능력을 소유하면 침묵의 신비 속에 하나님의 능력이 나타난다.

빌라도는 예수님을 채찍질하고 군인들은 가시나무로 관을 엮어 머리에 씌우고 자색 옷을 입혀 조롱했지만 죄가 없으신 예수님은 침묵하셨다.

침묵의 신비 속에 있으면 평강의 하나님이 사탄을 우리의 발 아래 무릎 꿇게 하신다.

예수님의 침묵 속에서 빌라도는 두려워 떨었다. 그리스도 그 이름을 부를 때, 원수들은 이미 굴복되었다. 이것이 바로 로마를 정복했던 초대교회의 비밀이다.

요한복음 19장 1, 2, 8절

4

이기적인 세속주의가 불건전한 신비주의와 만나면 이성을 잃어버린 광적인 종교주의로 변질된다. 죽어야 사는 것이 기독교의 본질이고 예수 그리스도의 십자가 비밀이다.

성공 지상주의에 빠진 빌라도는 군중에게 아첨하는 직업병에 걸려서 예수님이 죄 없음을 알면서도 유대의 광적인 종교주의와 타협하여 십자가의 원수가 되었다. 이기적 세속주의에 물들면 세상의 지위와 권력과 부를 다 가지고도 재앙 시스템에서 빠져나올 수 없다.

영원한 성공, 최고의 성공은 옛사람의 틀을 창세기 3장 15절, 그리스도 이름으로 무너뜨리는 올바른 시작 속에서 구원의 방주를 건축하는 것이다.

영혼의 구원자, 그리스도의 방주가 건축되면 냉수 한 그릇이라도 나누어주는 작은 헌신으로 선지자의 상과 의인의 상을 받고 전도와 선교와 경제의 기적을 맛보게 된다.

5

아무도 말해주지 않는 것, 말하기를 꺼려하는 것이 있다. 사울 왕과 그의 신하들마저 시달리게 만들었던 악신의 존재가 지금도 사람들 속에서 역사하여 귀신 들려 점치고 우상을 섬기며 거짓말하고 도둑질한다는 사실을 오늘날 교회마저도 말해주지 않고 오히려 이들과 정치적으로 야합하여 변질되고 있다.

그러나 다윗은 알았다. 창세기 3장 15절 메시아, 사탄의 머리를 밟아버린 그리스도의 기름 부음이 없으면 권력을 가진 왕이 되어도 귀신 들려 산다는 것을. 다윗의 발견은 이것이다. '아하! 참된 왕을 만나야 참된 인생이 시작되는구나.'

바울은 알고 선포하였다. '더러운 귀신아, 예수 그리스도 이름으로 그 몸에서 나가라.'

사무엘상 19장 9절, 요한복음 10장 10절, 사도행전 16장 18절

6

마귀는 생각을 통하여 역사한다. 가룟 유다의 생각 속에 마귀가 들어가 예수님을 배신하고 팔아버렸듯이 귀신 들리면 마음이 굳어 순종치 아니하고 그리스도의 도를 비방하고 멸시한다.

마귀는 순식간에 생각의 틈을 타고 들어오지만, 예수 그리스도의 권세를 사용하여 즉시 내어 쫓으면 마음속에 천국이 임한다.

우리의 씨름은 혈과 육을 상대하는 것이 아니다. 이 땅의 통치자들, 어둠의 주관자들, 악의 영들을 상대하는 것이다. 이 사실을 알지 못하면 죽기를 무서워하므로 사탄의 불화살을 맞으며 한평생 운명의 노예로 살아가는 것이다.

사탄의 매임에서 풀어주시려고 오신 예수 그리스도는 참 왕이시다. 다윗 왕이 발견한 참 왕, 예수 그리스도를 마음과 생각 속에 영접하고 각인시키고 뿌리내리면 모든 문제 끝이다.

요한복음 13장 2절, 사도행전 19장 9절, 마태복음 12장 28절, 에베소서 4장 27절,
마가복음 3장 15절, 에베소서 6장 12절, 요한일서 3장 8절

7

성경적 복음을 모르고 종교사상으로 각인되어 살면 '교회는 왜 이래, 세상은 왜 이래, 사람들은 왜 이래.'라고 시비만 건다. 돈벼락 맞기를 좋아하고 건물만 높이 쌓아 올리는 욕심쟁이, 거짓말쟁이, 욕망덩어리는 숨기면서 진리가 있는 척 흉내만 내는 종교인으로 전락한다.

말로만 진리를 흉내 내는 종교 사상에서 벗어나라. 창세기 3장 15절, 사탄의 머리를 밟아버린 메시아, 그리스도, 복음의 능력으로 살아라.

요한복음 8장 44절, 고린도후서 11장 14절

8

창세기 3장 15절로 사탄의 머리를 밟고 시작하라. '여자의 후손 메시아, 예수 그리스도 이름으로 옛사람의 틀을 깨버리지 못하고 교회 안에서까지 욕심쟁이로 살게 만들며 끊임없이 시기와 질투와 미움으로 이간하면서 하나님의 일에는 관심도 없이 방관자로 살게 만드는 모든 흑암조직들은 산산이 무너질지어다.'라고 선포하라.

출애굽기 3장 18절, 12장 13절 문설주와 인방에 어린 양의 피 그리스도의 보혈을 발라서 사망 권세, 지옥 권세, 사탄의 권세가 넘어가게 하라.

이사야 7장 14절, 우리와 함께하시겠다고 약속하신 임마누엘 하나님과 동행하라. 마태복음 16장 16절, 예수님이 창조주 하나님 메시아, 그리스도이심을 고백하라. 하나님이 우리를 하나님의 나라까지 견인해 가신다.

하나님의 자녀를 향한 하나님의 뜻은 땅끝까지 이르러 그리스도의 증인되는 것이다.

어떤 상황 속에서도 담대하라. 그 누구도 우리를 막을 수 없고 해칠 수 없다.

우리는 이 땅의 승리자요, 하나님 나라의 상속자다.

9

창세기 3장 15절, 여인의 후손 메시아, 예수 그리스도께서 사탄의 머리를 밟아버리셨다는 사실을 모르고 교회만 다니면 거지 나사로처럼 부자의 밥상에서 떨어지는 부스러기만 먹으며 개들이 헐은 데를 핥을 만큼 몸뚱이는 사탄에게 내어준 채 찌질하게 살아간다. 한편 구원받지 못한 엘리트, 부자는 이 땅에서 사는 동안 날마다 잔치만 배설하다가 영원한 심판을 받고 가문과 후대가 멸망 받는다.

죽은 자의 소원은 이 땅에 살아 있는 가족들이 예수 그리스도를 믿는 것이다. '내 형제 다섯이 있으니 그들에게 증언하게 하여 그들로 이 고통 받는 곳에 오지 않게 하소서'

우리를 위해 험한 십자가를 지고 부활하신 예수 그리스도는 고통의 문제를 해결하신 승리의 왕이시다.

고린도전서 5장 5절, 누가복음 16장 28절

10
———

십자가의 고통으로 모든 문제를 완벽하게 끝내주신 예수 그리스도의 사랑을 기억하라.

'아버지 저들을 용서하여 주옵소서 저들이 하는 것을 알지 못함이니이다'

예수님의 옷을 나누어 제비 뽑는 로마 군인, 예수님을 팔아버린 가롯 유다, 세속적 이기주의자, 대제사장, 무죄임을 알면서도 십자가에 못 박은 빌라도, 예수님을 부인하고 도망간 제자들, 심지어 죽기 직전까지 헛소리하는 왼편 강도까지 완벽하게 용서하신 그리스도의 사랑은 예수님이 우리에게 남겨주신 신앙 유산이다.

'네가 나와 오늘 함께 낙원에 있으리라'

죽음의 공포 속에서 영혼을 의탁하는 오른편 강도의 신음소리까지 귀 기울이시고 응답하신 예수 그리스도는 우리의 구원자, 창조주 하나님이시다.

'여자여 보소서 아들이니이다 …… 또 그 제자에게 이르시되 보라 네 어머니라'

창세기 3장 15절에 예언된 메시아, 그리스도를 잉태한 어머니를 복되다 하시고 죽음의 고통 속에서도 끝까지 보살피고 부탁하신 그리스도의 사랑을 기억하라.

'엘리 엘리 라마 사박다니' 제 구시 쯤에 예수께서 '나의 하나님, 나의 하나님 어찌하여 나를 버리셨나이까.' 크게 소리 지르셨다.

예수님은 인성과 신성을 동시에 가지고 이 땅에 오셨다. 창세기 3장의 원죄로 인하여 일평생 사탄의 종노릇하며 모든 저주를 육체의 고통으로 마감해야 하는 기구한 운명의 쇠사슬을 끊어주시고 하나님과 단절된 우리의 영적 아픔을 대신 감당하셨던 십자가의 고통을 기억하고 감사하라.

'내가 목마르다'

성경을 응하게 하시려고 목이 마르다고 말씀하신 예수님은 먹어도 먹어도 마셔도 마셔도 채워지지 않는 우리의 욕망과 육체의 정욕에 사로잡혀 만족이 없는 우리의 문제를 십자가 위에서 해결해주셨다.

'다 이루었다'

율법의 완성자, 예수 그리스도는 우리 힘과 노력으로 지킬 수 없는 율법으로부터 우리를 해방시키시고 완전한 자유를 주셨다.

'아버지여, 내 영혼을 아버지 손에 부탁하나이다'

육신을 입고 이 땅에 오신 예수님의 임종 기도다. 십자가에서 목마름의 고통을 이기시고 '다 이루었다'고 선포하신 예수 그리스도의 승리는 우리의 승리다.

깨어 있어라. 거짓 신학자, 거짓 선지자에게 속지 말라.

누가복음 23장 34, 43, 46절, 요한복음 19장 26~28, 30절, 마태복음 27장 46절

11

'너희도 가려느냐?' 예수님은 제자들에게 물으셨다. 육신적인 응답은 받을 때뿐, 얼마 안 가서 감사를 잃어버린다. 인간은 원래 원죄적 욕심쟁이, 마귀의 DNA를 가지고 태어났다. 땅의 것은 무익하나 위의 것이 영원한 이유다.

살리는 것은 영이니, 육은 무익하다. 멸망 받지 말고 구원 받으라고 하나님이 우리에게 주신 그 이름, 그리스도의 권세로 묶인 것을 풀어내라. 죽은 것을 살려내라.

그리스도 이름을 소유하고 맛보고 느끼고 있는가. 하나님께로부터 난 자들만이 예수 그리스도를 영접하고, 예수 그리스도와 동행하며 함께 먹고 마신다.

요한복음 1장 12~13절, 8장 44절, 요한계시록 3장 20절

12

'영생의 말씀이 계시오매 우리가 어디로 가리이까?' 갈릴리 어부 출신인 베드로가 로마를 정복한 비밀이 여기에 있다. 갈등과 의심을 부추기는 여론에 속지 말고 예수 그리스도께 딱 붙어있으라.

죽은 자가 살아나고, 오병이어의 기적으로 오천 명이 배부르게 먹고, 중풍병자가 일어나는 표적을 보고도 군중들은 예수님 곁을 떠나버렸다.

예수님 자신이 곧 유대인들이 기다리는 메시아, 창세기 3장 15절의 주인공, 그리스도라고 밝히니 용납할 수 없다는 것이 이유였다. 영원히 주리지 않는 생명의 산 떡이요, 영원히 목마르지 않는 음료로 왔으니 예수님의 살과 피를 먹고 마시라는 말씀이 너무 어렵다는 핑계를 댔다.

요한복음 6장 60, 69절

13

과거를 상처로만 기억하고 오늘의 현실은 무시한 채 어설프게 내세만 알아서 막연하게 살아가는 종교인이 되지 말라. 사탄의 공격을 이길 힘이 없으면 비극 중의 비극이요, 멸망 중의 멸망이다.

사탄이 역사하지 않는 곳은 지구상에 없다. 우리를 위해 싸우시는 여호와 하나님이 계시므로 마음과 생각 속에서 하나님과 우리 사이를 이간하여 불신앙을 집어넣는 사탄의 일을 꺾어버려라.

창세기 3장 15절, 원시 복음으로 창세기 3장의 사탄의 머리를 밟아버리면 홍해도 갈라지고 여리고도 무너진다.

출애굽기 14장 14절

14

생명의 문제를 종교화하여 정치 문제로 변질시키는 사탄의 전략에 속지 말라.

성전 미문에서 구걸하던 앉은뱅이가 예수 그리스도 이름으로 일어나 걷고 뛰며 하나님을 찬양하는데도 시비를 걸고 예수님이 사탄의 일을 멸하신 창세기 3장 15절의 주인공, 메시아, 그리스도이심을 말하지 말라고 금하는 세력이 있다.

예수 그리스도는 온 인류를 구원하시는 생명이시고 진리이시고 부활이시다.

교회 안에서 봉사하고 헌신하는 현대판 목사 대제사장, 성전 맡은 중직자 레위인, 부활을 믿지 않는 진보 신학자 사두개인, 부활은 믿지만 율법에 찌든 보수신학자 바리새인, 이들은 각자의 교리로 적대관계였으나 예수님을 십자가에 못 박아 죽이는 데는 같은 편이 되었다.

그들은 갈릴리 어부들을 통하여 예수 그리스도 이름으로 앉은뱅이가 건강하게 되는 표적 앞에서 체면이 구겨지고 권위가 추락하자 발작 증세를 일으켰다. '사도들 가운데 세우고 묻되 너희가 무슨 권세와 누구의 이름으로 이 일을 행하였느냐?'

로마의 정치권력과 타협하는 위선 속에서 인생의 답도 없이 불신자 수준에도 못 미치는 종교 체질에서 벗어나지 못하면 바벨탑만 쌓는 종교 우상에 잡혀 열매 없는 가을 나무와 거친 물결같이 매력도 없고 가치도 없는 무의미한 인생을 살게 된다.

사도행전 4장 2, 7, 17, 18절

15

성령으로 충만하라. 성령 충만을 샤머니즘, 엑소시즘으로 착각하지 말라. 산꼭대기에서 '주여, 주여.' 외쳐서 신비한 능력을 받는다고 착각하지 말라.

성령 충만은 위로부터 오는 하나님의 힘이다. 성령 충만은 그리스도 충만이다. 그리스도는 하나님의 능력이고 지혜다. 위로부터 오는 신령한 힘과 지혜를 받은 베드로와 요한은 대제사장 앞에서 입을 열어 파격적으로 복음을 선포하였다. '너희와 모든 이스라엘 백성들은 알라 너희가 십자가에 못 박고 하나님이 죽은 자 가운데서 살리신 나사렛 예수 그리스도의 이름으로 이 사람이 건강하게 되어 너희 앞에 섰느니라' 예수 그리스도, 그 이름으로부터 오는 성령 충만은 하나님의 은혜의 선물이다.

마귀의 일을 멸하는 참 왕의 권능, 모든 저주와 재앙을 제압하는 참 제사장의 권능, 하나님과 임마누엘로 함께하는 참 선지자의 권능이 우리에게 있으니 핍박이나 환난이나 고통이 와도 괜찮다.

그리스도의 권세를 사용하여 강력한 힘을 발휘할 수 있는 시간이 온 것이다.

담대하라. 이 땅의 것을 부러워할 것도 없고 두려워할 것도 없다.

우리는 이제 모든 민족에게 구원을 주시는 그 이름 예수 그리스도로 인하여 창조주 하나님을 아바 아버지라 부를 수 있는 엄청난 존재가 되었다.

고린도전서 1장 24절, 사도행전 4장 10절, 로마서 8장 15절

16

예수 그리스도 안에는 살아나는 능력, 치유하는 능력이 있음을 믿고 기뻐하라.

그리스도를 믿는 믿음으로 얻은 구원은 하나님의 선물이다. 하나님께로부터 선물 받은 것이 진실로 믿어진다면 우리의 삶이 기쁨과 감사로 충만할 수밖에 없다.

히브리서 4장 12절, 에베소서 2장 8절

17

알지 못하는 신을 더듬어 찾는 막연한 종교사상에서 벗어나라.

지금, 예수 그리스도의 생명이 우리의 생명이 되게 하라. 하나님의 숨결, 하나님의 생기가 우리의 호흡이 되게 하라. 바울은 성경의 뜻을 풀어 예수는 그리스도라 선포하였다. 하나님은 우리를 원하셔서 부르시고 지금 성령으로 함께 계신다.

자신에게 그리스도를 선포하여 자신을 살려내는 것이 진짜 전도다. 하나님은 약한 것, 병든 것, 죽은 것을 살려내라고 귀신을 내어 쫓는 권세를 주셨다.

사도행전 17장 3절, 마가복음 3장 13~15절

18

그동안 막연히 몸부림치며 찾았던 하나님은 바로 창세기 3장 15절, 여인의 후손 메시아, 마태복음 16장 16절, 예수 그리스도시다. 그리스도는 하나님의 형상이시다.

예수님이 주, 그리스도이심을 고백하면 지긋지긋하게 따라다녔던 운명적 문제가 해결된다. 이전 것은 지나가고 새것이 되는 치유의 역사 속에서 재창조의 증거가 일어난다.

종교는 이랬다, 저랬다, 필요에 따라 하나님을 이용하는 것이지만 복음은 사탄의 일을 멸하신 예수 그리스도 이름으로 자신의 불신앙을 쳐서 복종시킴으로 그리스도 안에서 자신은 죽고 그리스도께서 주인으로 사시는 것이다.

하늘과 땅의 권세, 보좌의 권세, 시공간을 초월하는 하나님의 능력 그리스도의 권세로 자아를 부인하는 영적 싸움 속으로 들어가면 시간이 갈수록 영혼이 잘되고 범사가 잘되고, 강건해진다.

고린도후서 4장 4절, 갈라디아서 2장 20절, 요한삼서 1장 2절

19

창세기 3장은 간교한 뱀 속에 들어간 사탄이 어떻게 우리를 미혹하여 하나님을 떠나게 했는지를 설명하고 있다.

원시 복음 창세기 3장 15절, 메시아, 그리스도는 죄와 사망의 법, 사탄의 올가미에서 우리를 해방시키는 노예 폐지법이다. 자유와 해방을 주는 그리스도의 법을 모르면 사탄의 함정, 올무에 묶여 나쁜 마음을 가지고 모략을 꾸미는 옛사람의 틀에서 벗어나지 못한다. 이 세상 신, 창세기 3장에 출현한 사탄은 믿지 않는 자들의 마음을 혼미케 하여 그리스도의 영광, 복음의 광채가 사람 속에 비치지 못하게 한다.

하나님의 형상을 회복해야 나쁜 마음이 사라진다. 그렇지 않으면 마귀 시스템 속에서 허우적거리며 살다가, 믿었던 사람을 통해서 올가미를 쓰는 문제가 찾아왔을 때 불화살을 맞고 무너진다.

고린도후서 4장 4절

20

운명에 묶여 있으면 사탄의 노예가 되어 마음과 생각과 몸이 분쟁을 일으켜 인간관계는 깨지고 인생 막판에 동역자 한 명도 없는 허무한 인생을 살게 된다.

염려하는 것과 무서워하는 것이 그대로 몸에 임하였다고 욥은 고백하였다.

하나님의 자녀로서 뚜렷한 신앙 색깔을 가지고 예수 그리스도 이름으로 두려움을 내어 쫓으라. 두려움을 내어 쫓지 않으면 삶의 실체 속에 형벌이 따라온다.

그리스도 이름으로 마귀의 일을 멸하지 않으면 점점 흑암이 쌓이고 덮어서 하나님의 은혜가 사라져버린다. 하나님의 은혜로 사는 감각이 사라져버리면, 영적인 기생충이 파고들어와 영혼과 몸을 갉아 먹는다.

그러나 창세기 3장 15절을 알고 사탄의 일을 멸하신 메시아, 예수 그리스도 이름으로 영적 싸움을 하면 할수록 마음이 기쁘고 혀도 즐거우며 몸에는 소망이 온다.

욥기 3장 25절, 요한일서 3장 8절, 4장 18절, 사도행전 2장 26절

21

성령의 역사란 하나님의 자녀로 신분이 바뀌는 영적 변화를 말한다.

인간적 삶에서 벗어나 언약적 삶을 살라.

바벨탑 문화의 욕망에 사로잡힌 시대에 하나님은 아브라함을 부르셔서 복의 근원이 되게 하셨다.

세속적으로 우리를 끌고 가는 사탄의 힘에 저항하라.

22

시비 거는 자가 있다면 이것은 스스로 넘어야 할 문제다. 하나님이 함께하신다는 사실을 잊어버리면 입이 가벼워지고 말이 빨라져서 문제를 만들어낸다.

예수 그리스도 이름을 힘입어 자신과의 영적 싸움을 시작하라. 천사들이 금향로에 기도를 받아 하나님의 보좌에 쏟아 놓는다. 하나님은 여실 문은 여시고 닫을 문은 닫으신다.

요한계시록 8장 3절, 이사야 22장 22절

23

세상의 어떤 종교에도 없는 부활은 기독교에만 있다.

불안해하지도 말고 염려하지도 말라.

사망에서 생명으로 옮기는 그 이름, 창세기 3장 15절, 메시아 그리스도 이름으로 사탄의 머리를 밟아버리는 영적 시스템을 세우면 영적인 세계가 열리고 무한한 축복이 온다.

요한복음 5장 24절

24

하나님은 우리에게 과거에서 벗어나라고 창세기 3장 15절, 메시아, 그리스도를 보내주셨다.

우리를 따라다니면서 약점과 실패를 지적하고 시비 거는 사탄의 소리를 차단하라. '안식일에 왜 소경을 고치느냐.'고 따지고 시비 거는 유대 전통과 자아 중심적 습관, 종교 사상에서 벗어나라.

안식일의 주인이신 예수 그리스도를 모르고 예배드리는 것 자체가 무능력이다. 그리스도를 모르는 이방인이 제사 지내는 것은 귀신과 교제하는 것이다. 창세기 3장에 출현한 사탄의 속삭임을 듣고 틀린 자아로 틀린 주인을 섬기며 틀린 생각 속에서 틀린 세상을 살아가다 보니 오직 살아남기 위해서 모든 거짓과 악행을 일삼는 의의 원수로, 주의 바른 길을 굽게 하는 마귀의 자식으로 살아가는 것이다.

사람들을 속이는 마술쟁이, 점쟁이를 따라다니면 막연히 잘 될거라는 자기 최면에 빠져 유익 따라 살다가, 인간관계는 파괴되고 기쁨과 감사와 행복을 도둑질 당한다.

마태복음 12장 8절, 고린도전서 10장 20절, 사도행전 13장 10절, 16장 16절, 요한복음 10장 10절

25

세상 풍습을 좇지 않고 세상 여론에 휩쓸리지 않으며 세상에 미혹되지 않는 길이신 창세기 3장 15절, 메시아, 그리스도 이름으로 사탄의 머리를 밟아버려라. 추상적 믿음이 아닌 사실적인 믿음을 소유하라.

창세기 3장 15절, 여인의 후손으로 오시겠다고 약속하신 메시아가 이사야 7장 14절, 처녀가 잉태한 임마누엘로, 마태복음 1장 21~23절, 이천 년 전, 동정녀 마리아에게서 나셨다.

성경대로 오셔서, 성경대로 죽으시고, 성경대로 부활하셔서 지금 부활의 영, 성령으로 함께하시는 창조주 하나님, 예수 그리스도는 참되시다. 천하에 구원 얻을 다른 이름은 없다. 예수가 그리스도이심을 믿는 믿음은 막연한 것이 아니라 사실이다.

고린도전서 15장 3절, 사도행전 4장 12절, 요한복음 8장 26절, 로마서 3장 4절

26

모든 문제 해결자, 창세기 3장 15절의 주인공 예수 그리스도가 계시는데 왜 당황하고 낙심하는가?

근본부터 바꿔라. 구원부터 받아라. 정의로움으로 살려고 하지 말고 하나님의 자녀로 살아라. 육체의 소욕과 성령의 법이 대결하며 싸울 때, 창세기 3장 15절 메시아, 그리스도 이름으로 사탄을 밟아버려라. 마태복음 16장 16절, 주 예수 그리스도 이름으로 이기적 욕망, 기쁨 없이 포장된 옛사람의 틀, 문제 속에서 발작 증세를 일으키는 사탄을 예수 그리스도 이름으로 밟아버려라. 살만하다 싶으면 미사일을 쏘는 사탄의 궤계를 차단하라. 하나님은 구원의 하나님이시고 그리스도의 피로 하나님의 자녀를 거룩한 성소에 들어가게 하셨다.

하나님은 우리의 신음소리를 들으시고 애굽 사람의 노역과 무거운 짐에서 빼내시어 여호와 하나님인 줄 알게 하시는 전능하신 하나님이시다.

갈라디아서 5장 16~20절, 에베소서 6장 10~20절, 시편 68편 20절, 히브리서 9장 12절, 출애굽기 6장 3~6절

27

사탄의 일을 멸하신 창세기 3장 15절의 메시아, 그리스도로 오신 예수님을 믿는 믿음 하나로 모든 문제를 다 끝낼 수 있는가?

성령을 속이지 말고, 솔직하게 임마누엘 성령 하나님과 대화해보라.

창세기 3장의 함정에 빠져서 '힘이 없어요, 돈이 없어요, 빽이 없어요, 가진 것이 없어요, 내 체질이 이상해요.'라며 어설프게 살지 않고 창세기 3장 15절로 사탄의 올무에서 빠져나오는 것이 복음의 흐름을 타는 것이다. 복음의 흐름을 타면 성령의 역사를 몸으로 느끼게 된다. 약한 것과 병든 것을 살리는 치유가 시작된다.

인생의 반전이 온다.

28

진정한 성령의 역사는 자신을 부인하고 예수 그리스도를 따라가는 것이다.

복음의 열매는 믿음의 역사와 사랑의 수고와 주 예수 그리스도에 대한 소망의 인내를 하나님 아버지 앞에서 끊임없이 기억하는 것이다.

데살로니가전서 1장 3절

29

복음도 없이, 그리스도의 기름도 없이 빈 등만 들고 쇼하는 미련한 자들을 경계하라. 예수님은 말씀하셨다. '그 때에 임금이 그 오른편에 있는 자들에게 이르시되 내 아버지께 복 받을 자들이여 나아와 창세로부터 너희를 위하여 예비된 나라를 상속받으라'

하나님의 절대주권을 인정하고 하나님이 우리에게 주신 예수 그리스도의 권세와 능력을 사용하라. 창세기 3장 15절, 언약의 흐름을 타라. 언약의 여정을 걷게 하시는 하나님께 감사하라.

마태복음 25장 34절

30

창세기 3장의 문제가 지금 현실 속에 존재하고 있음을 진짜 믿는다면 오직 필요한 것은 딱 한 가지 창세기 3장 15절, 메시아, 그리스도밖에 없음을 알게 된다. 성경이 말하는 창세기 3장 15절을 무시하면 하나님을 무시하는 것이다.

창세기 3장에 출현하여 분열과 분노를 일으키는 뱀의 머리를 어설피 밟지 말고 창세기 3장 15절, 메시아, 그리스도 이름으로 제대로 확 밟아버려라. 발꿈치 들고 어설프게 신앙생활하면 가인처럼 시기, 질투, 분노 속에서 집안과 직장에 원수를 두고 산다.

본격적인 영적 싸움으로 운명을 바꾸면 노예로 팔려 간 요셉에게 주인 보디발이 고백한 그 증거가 삶에서 일어난다.

'당신으로 인해 내 집과 밭에까지 복을 받았노라.'

요한복음 20장 31절, 창세기 4장 7절, 마태복음 10장 36절, 창세기 39장 5절

31

어떻게 눈에 보이지 않는 하나님, 두렵고 떨리는 존재이신 하나님, 에고 에이미 ἐγώ εἰμι, Ego eimi, I AM WHO I AM 스스로 계신 하나님, 창조주 하나님을 만날 수 있을까?

소크라테스에게 묻지 말고 부처에게도 묻지 말라. 다른 이로써는 구원을 받을 수도 없고 하나님을 만날 수도 없다. 길과 진리, 생명 되신 예수 그리스도를 통해서만 하나님을 만날 수 있다.

예수 그리스도는 하나님의 형상이시며 성부 하나님과 예수 그리스도는 하나이시다.

사도행전 4장 12절, 고린도후서 4장 4절, 요한복음 10장 30절

32

우리의 힘과 의지와 지식으로 절대 해결이 되지 않는 문제가 운명이다. 창세기 3장의 원죄라는 함정에 걸려든 것이 운명이다.

이 운명의 함정에서 빠져나오라고 하나님이 우리에게 열어주신 길이 바로, 원시 복음, 창세기 3장 15절, 사탄의 머리를 밟아버린 구원자, 메시아, 예수 그리스도시다.

33

창세기 3장 15절을 하나님의 언약으로 강조하는 만큼 창세기 3장의 원죄 문제가 꺾인다.

꺾이지 않은 창세기 3장을 그대로 가지고 어설피 신앙생활하면 창세기 6장, 귀신이 창궐하는 네피림 시대에 살아계신 하나님의 통치를 믿지 않고 독선 독주하는 종교생활 속에 갇힌다. 외적으로는 멀쩡해 보이는데 내면은 좀비처럼 이상하게 변해간다.

그러므로 노아처럼 창세기 3장 15절을 발견하고 하나님의 은혜를 입어야 좀비 같은 종교 생활에서 빠져나와 하나님과 동행하며 하나님의 계획을 알고 재앙을 막는 방주를 짓는다.

창세기 3장 15절을 발견하면 우리의 과거, 현재, 미래의 과정 속에서 창세기 3장에 출현한 뱀의 머리를 밟아버리는 영적인 사람으로 살게 된다.

그렇지 않으면 하나님 같이 되어보려는 창세기 3장, 사탄의 유혹에 빠져 하나님 없이도 살 수 있다는 착각에 빠져 육신적 욕망에 따라 바벨탑을 쌓아 올린다.

그래서 하나님은 아브라함을 불러내어 족장 시대를 열어 시공간을 초월하는 힘을 주셔서 창세기 3장 15절을 계승시키신 것이다. 뚜렷하고 투명한 믿음을 가지고 하나님과 동행하면 이삭처럼 샘의 근원을 얻는 100배의 응답을 누리게 된다. 잔머리 쓰는 야곱으로 살지 말고 투명한 믿음을 가진 이스라엘로 살라고 하나님은 야곱에게 새 이름을 주셨고 그 믿음이 연결된 요셉은 해와 달과 별, 만물이 복종하는 축복을 받았다.

아브라함, 이삭, 야곱, 요셉을 통하여 창세기 3장 15절이 계승되어 생명을 구원하시려는 하나님의 계획이 성취되었듯이 과거의 시련과 아픔들을 축복의 발판으로 여기면 투명한 믿음으로 생명 건 제자들이 세워진다.

소수 집단인 족장을 통하여 언약이 연결되었듯이 시공을 초월하는 하나님의 역사가 일어나는 교회는 생명 건 전도 운동이 일어나 중직자와 후대를 세우고 키워야 한다. 이 일을 위해서 오직 그리스도, 유일성 속으로 들어가라.

창세기 3장 15절의 메시아, 예수 그리스도의 유일성 속으로 들어가면 아브라함, 이삭, 야곱, 요셉의 하나님이 우리의 하나님이 되어 재창조의 역사가 일어난다.

34

운명은 스스로의 힘과 의지, 사상, 철학, 종교, 미신으로 못 바꾼다. 운명에서 빠져나오는 길은 예수 그리스도의 십자가 죽음과 부활의 길을 따라가는 것이다.

아무것도 염려하지 말고 십자가에서 죽으시고 부활하셔서 지금 성령으로 역사하시는 예수 그리스도 이름을 영접하라.

예수 그리스도를 영접하면 새로운 피조물이 되어 신경마다 조직마다 세포마다 재창조의 역사가 시작된다.

35

미움받았다고 미워하고 사랑받았다고 사랑하는 것은 동물의 본능적 사랑과 같은 것이다.

종교는 각자의 신의 이름으로 무너져버릴 욕망의 바벨탑을 쌓는 것이다.

복음은 오직, 사탄의 머리를 밟아버린 창세기 3장 15절, 메시아, 예수 그리스도의 십자가 희생과 섬김과 헌신의 모범을 따라 있는 자리에서 하나님의 사랑을 받은, 그 사랑에 빚진 자로서 이웃을 사랑하는 것이다.

36

어디로부터 와서, 어떻게 살다가, 어디로 가는지, 정체성이 분명하면 우울증 걸릴 일이 없다.

성경 속의 부자는 돈은 많은데 참 행복이 없어서 중독 상태에 빠져 파티만 즐기다가 지옥불로 떨어졌다. 거지 나사로는 구원은 받았는데 영혼 살리는 전도의 의미를 몰라 부자 앞에서 일평생 거지로 비루하게 살았다.

죽음을 이기고 부활하신 예수 그리스도는 원죄에 매여 있는 운명의 굴레에서 자유케 하신다. 그리스도의 영광이 함께하면 삶의 역전 드라마가 시작된다. 생명 살리는 전도 제자로 살면 부자가 부러워할 만큼 당당하게 산다. 세계 앞에서도 당당하다.

기도 제목을 바꿔라. '모든 족속으로 제자 삼으리라. 만민에게 복음을 전파하리라. 땅끝까지 그리스도의 증인되리라.' 이것이 예수님이 부탁하신 부활 이후의 메시지, 지상명령이다.

마태복음 28장 18~20절, 마가복음 16장 15~20절, 사도행전 1장 8절

37

그리스도는 하나님의 비밀이다. 하나님의 비밀인 그리스도 안에는 지혜와 지식의 보화로 가득하다. 그리스도를 왜곡시키지 말라. 예수님을 논란의 중심에 놓고 논쟁거리로 만들지 말라. 육신적 생각의 틀에 맞추어 창조주 하나님을 왜곡시키면 십자가의 원수요, 열매 없는 가을 나무 같은 존재가 된다.

앉은뱅이가 일어나 걷기는 하는데 여전히 거지로 살면 무슨 의미가 있겠는가? 그래서 예수님은 먼저 죄 사함부터 받으라고 말씀하셨다. 운명적 틀을 깨뜨리는 것이 죄 사함 받는 것이다.

골로새서 2장 2~3절, 마가복음 10장 45절

38

예수님은 황폐해진 예루살렘을 바라보시고 우셨다. 몸과 마음을 황폐한 예루살렘처럼 두지 말고 여호와의 이름, 그리스도 안에 있는 능력으로 재건하라.

여호와는 견고한 망대시다. 엎어지고 허물어진 것을 재건하리라는 하나님의 약속은 오직 복음, 그리스도 안에 있다.

하나님이 숨겨놓으신 비밀은 사흘 만에 무너진 성전을 재건하신 예수 그리스도의 십자가 죽음과 부활에 있다.

옛사람의 기질을 무너뜨리고 하나님 나라의 새로운 망대를 세워라. 하나님의 비밀을 맡은 자로서 오직 그리스도에 집중하여 예수 그리스도의 십자가 보혈을 영혼 깊이 각인시키면 몸에는 재창조의 역사가, 삶의 영역에는 재건의 역사가 일어난다.

하나님의 비밀을 맡았다면 반드시 자신과의 영적 싸움이 있어야 한다. 그렇지 아니하면 우물가 사마리아 여인처럼 예배를 드려도 목마르고 수치스러운 인생을 살게 된다.

말씀이 육신이 되어 오신 예수 그리스도, 그 해답을 가지고 회칠한 무덤같이 오만하고 교만한 더러운 것을 내어버리는 결단력을 가지면 황폐했던 삶이 견고하게 재건된다.

요한복음 2장 19절, 누가복음 19장 42~44절, 마태복음 23장 37절

고요 · 쉼

복음파워

1

바리새인, 서기관, 유대종교인들의 핍박 앞에서도 스데반의 얼굴은 천사와 같았다.

예수 그리스도와 함께하면 평안함과 고요함, 사람을 사랑할 수 있는 넉넉함이 온다. 그리스도는 모든 것을 이긴다. 죽음을 이기고 부활하신 예수 그리스도의 약속과 함께하면 행복할 수밖에 없다.

창세기 3장 15절, 메시아, 그리스도의 이름으로 땅끝까지 증인되리라는 사도행전 1장 8절의 언약을 잡고 하나님의 자녀 된 신분과 권세를 누려라. 누리는 만큼 빛 되신 그리스도의 형상이 회복된다.

2
—

거짓 증거하는 자들을 두려워하지 말라. 예수님이 직접 진단하시고 성경이 밝히 증거하는 대로 이 땅에는 마귀 체질로 살아가는 자들과 옛 뱀, 곧 온 천하를 꾀는 자, 큰 용의 지배를 받는 자들이 범죄의 거품을 뿜어내고 있다.

예수 그리스도를 영접하여 왕적 권위를 실천하라. 그리스도의 왕권을 사용하면 인생의 전환점이 온다. 하나님은 특별 은총 속에서 그리스도를 깨닫게 하시고, 알게 하시고, 갖게 하셨다. 하나님은 시공간을 초월하여 빛으로 역사하셔서 어둠을 밀어내신다.

하나님이 주신 그리스도의 왕권을 사용하라. 우리는 하나님의 택하신 족속이요, 왕 같은 제사장이요, 거룩한 나라요, 그의 소유된 백성이다. 그리스도의 왕권을 사용하는 만큼 권위와 위상은 달라진다. 천사 같은 스데반의 얼굴을 보라. 마귀의 자식들이 거짓 증언을 하고 죽이려 해도 스데반의 영혼은 고요하였다.

요한복음 8장 44절, 요한계시록 12장 7~10절, 베드로전서 2장 9절

3

죽음을 각오한 스데반의 메시지는 예수 그리스도 이름으로 가르치시고 생각나게 하시는 보혜사 곧, 성령의 역사를 체험한 증거로부터 나온 것이다. 아브라함에게 임했던 초자연적, 초과학적 하나님의 증거가 스데반의 증거가 되었고, 스데반의 증거를 통하여 그 현장에 있었던 바울이 제자로 세워졌다. 스데반의 증거가 우리의 언약이 되고 아브라함의 증거가 우리의 증거가 되게 하라.

하나님은 아브라함을 불러 창대한 미래를 약속하셨으나 아들을 먼저 주지 않으셨다. 먼저 우상을 섬기는 친척과 아비 집을 떠나라고 명령하셨다. 창세기 3장 15절 절대언약, 비상조치의 비밀을 가지고 하나님이 지시하시는 땅으로 가라.

가문의 저주를 창세기 3장 15절, 메시아, 그리스도 이름으로 끊어버려라. 가문의 저주를 안고 살면서 보금자리라고 착각하면 사망의 잠에서 깨어나지 못하고 무기력에서 빠져나오지 못한다.

문제의 근본 원인을 알았다면 하나님이 주신 약속어음을 가지고 창세기 3장의 운명적 저주에서 빠져나오라. 성경적 사건이 우리의 사건이 되어 미래적인 것을 현재의 사건으로 받아들이는 믿음이 있을 때 하나님은 오늘을 축복하신다.

예수님을 심문하고 죽인 원흉들 앞에서도 스데반의 메시지는 성경적 논리로 담대하였고 그의 영혼은 고요하고 평안하였다.

4

문제 앞에서도 영혼이 고요하다면 하나님을 믿는 믿음이 있다는 증거다. 스데반은 예수 그리스도를 증거했다는 이유 하나만으로 돌에 맞아 죽어야 하는 위기 가운데 있었지만 고요하고 아름다운 천사의 얼굴이었다고 누가는 기록하고 있다. 천국 미남, 천국 미인이 되는 길이 있다.

예수 그리스도를 영접하라.

왕적 권위를 증거하는 예수 그리스도의 세계 속으로 들어가라.

하나님이 주신 왕권으로 예수님의 족보에 오르면 하나님이 빛의 경제, 복음의 경제, 경쟁자 없는 축복을 주셔서 237 나라를 향하여 행진하게 하신다.

모든 이름 위에 뛰어난 이름 예수 그리스도, 그 이름 안에는 샘의 근원이 있고 하나님의 비밀이 있고 하나님의 지혜와 지식의 보화가 들어있다.

하나님의 자리에 앉아 하나님의 말씀은 듣지도 못하고 깨닫지 못한 채 무익한 분쟁과 변론으로 허무한 인생을 살게 만드는 종교사상에서 벗어나라.

원시 복음, 창세기 3장 15절의 메시아 그리스도 이름으로 영적 싸움하는 기도가 있어야 하나님의 말씀이 영혼에 새겨지는 것이다. 하나님의 말씀은 하나님의 생각이다. 하나님의 말씀은 우리를 위한 것이다.

뱀과 전갈을 밟고 원수를 제어하는 왕적 권위를 행사하라. 그리스도를 거부하는 영이 있으면 그리스도의 사람이 아니다.

5

마음의 귀를 열어라. 진짜 귀는 마음에 있다.

예수님은 끊임없이 마음의 문을 두드리신다. 마음의 귀를 열지 못하면 스데반의 말에 찔림을 받고도 오히려 돌로 친다.

스데반을 죽인 가해자는 동네 깡패가 아니라 성경을 가장 많이 공부하고 외우고 연구한 귀족, 종교 지도자들, 산헤드린 공회원이었다. 하나님을 잘 믿고 섬긴다고 하는 율법주의자들, 경건의 모양은 그럴듯한데 마음의 할례를 받지 못한 그들은 마음의 문을 여는 귀가 없었다.

사도 바울이 안디옥에서 2년 동안 복음을 전하였으나 그들은 마음이 굳어 순종치 아니하고 그리스도 예수의 도를 비방하였다.

딱딱하게 굳어진 사탄의 체질을 예수 그리스도 이름으로 뽑아내라.

마음에 할례를 받으라.

열등감, 시기, 질투, 투덜거림, 비아냥, 옛 기준, 자기 고집대로 살면 그리스도 안에 있는 자유와 해방과 기쁨을 빼앗긴다.

하나님이 우리에게 주신 하나님의 비밀, 그리스도 안에는 어마어마한 축복이 숨어있다. '보고 또 보고 놀라고 또 놀랄지어다 너희의 생전에 내가 한 가지 일을 행할 것이라 누가 너희에게 말할지라도 너희가 믿지 아니하리라'

스데반은 순교의 현장에서도 용서와 평강의 승리를 만끽하였다.

요한계시록 3장 20절, 디모데후서 3장 5절, 사도행전 19장 9절, 골로새서 2장 2~3절, 하박국 1장 5절

6

하나님의 말씀을 영혼에 담고 하나님의 말씀으로 숨을 쉬면 진정한 쉼이 온다. 영적인 존재로 지음받은 사람이 사람답게 사는 것은 하나님의 말씀으로 호흡하는 것이다. 살았고 운동력 있는 하나님의 말씀으로 숨을 쉬면 하나님의 생기가 몸속에 들어와 재창조의 역사가 시작된다.

쉼을 주시는 예수 그리스도의 십자가 사랑을 받으라. 하나님의 아들 예수 그리스도의 십자가 사랑을 모르고 짐을 지우는 위선적 종교사상에서 벗어나지 못하면 많은 사람을 실족시킨다.

바울이 복음을 전할 때 말의 지혜로 하지 아니한 것은 그리스도의 십자가가 헛되지 않게 하려 함이었다. 십자가의 도가 멸망하는 자들에게는 미련한 것이지만 구원을 받은 우리에게는 하나님의 능력이다.

쉼을 주시는 그리스도의 겸손을 배워라. 무거운 짐을 지우는 위선적 종교사상과 바리새인의 율법주의에서 벗어나라. 짐을 지우는 선생이 되지 말라. 선생은 예수 그리스도, 오직 한 분이시다.

하나님과 예수 그리스도의 십자가 앞에서 진실하고 솔직하게 자신을 발견하면 교만할 수가 없다.

옛사람의 틀린 것을 과감하게 고치는 자신과의 영적 싸움이 있어야 복음적으로 가장 겸손한 그리스도인이 될 수 있는 것이다. 그리스도를 믿는 믿음 안에서 자신을 낮추는 겸손한 자세로 만나는 모든 이들에게 쉼을 주면 전도자의 축복을 누리게 된다.

히브리서 4장 12절, 에스겔 37장 10절, 마태복음 23장 1~13절, 고린도전서 1장 17~18절

7

자신을 높이고자 하면 무너질 바벨탑을 쌓고 자신을 낮추고자 하면 하나님의 은혜를 알고 배은망덕하지 않는다.

신실하신 하나님, 전지전능하신 창조주 하나님은 거짓말을 못하시는 분이시다. 오늘과 내일, 영원토록 동일하신 하나님은 사탄의 머리를 깨뜨리는 메시아, 그리스도 창세기 3장 15절의 약속을 믿고 흐름을 타는 언약의 사람들과 동행하시고 쉼을 주신다. 이 언약을 무시한 바리새인들은 천국 문을 막는 위선자로 살아간다.

창세기 3장에 출현한 사탄에게 잡히면 '하나님 같이 되리라'는 사탄의 말을 듣고 하나님의 말씀에 불순종하여 교만하고 위선적인 종교인으로 살면서 구원의 문으로 들어가지 않는다.

창세기 3장 15절의 언약을 영혼에 담으면 자기중심으로 살지 않는 겸손함으로 구원의 문을 열어주는 전도자의 축복을 누리게 된다.

창세기 3장 15절에 약속한 구원자, 예수 그리스도 안으로 깊이 들어가라. 예수 그리스도는 모든 일에 똑같이 시험을 받으셨으나 죄가 없으신 대제사장이시므로 우리의 연약함을 아신다.

날마다 그리스도 안에서 발견되려 함은 오직 그리스도를 믿는 믿음으로 말미암은 것이요, 율법에서 난 것이 아니다. 곧 믿음으로 하나님께로부터 온 의다.

망령되고 허탄한 신화를 버리고 경건에 이르도록 자신을 연단하라. 초대교회는 날마다 집에 있든지 성전에 있든지 예수는 그리스도라 가르치기와 전도하기를 그치지 아니하였다.

히브리서 4장 14~15절, 빌립보서 3장 9절, 디모데전서 4장 7절, 사도행전 5장 42절

8

복음을 지속하면 예수 그리스도의 겸손과 쉼을 누리는 매력적인 그리스도인이 된다. 오늘부터 모든 욕심을 버리고 하나님이 함께하는 임마누엘 축복부터 누려라. 그리하면 마음의 쉼을 얻는다.

주 예수 그리스도의 복음을 부끄러워하지 말고 그리스도의 십자가가 헛되지 않게 하기 위하여 오직 복음의 길을 가라.

십자가의 도가 멸망 받는 자들에게는 어리석은 것이지만 정욕과 탐심을 십자가에 못 박아버린 그리스도 예수의 사람들에게는 하나님의 능력이다.

하나님 아는 것을 대적하여 높아진 것을 다 무너뜨리고 모든 생각을 사로잡아 그리스도께 복종시켜라.

그리스도는 견고한 진을 무너뜨리는 하나님의 능력이다.

마태복음 11장 28~29절, 12장 28~29절, 고린도전서 1장 17~18절, 고린도후서 3장 17절, 10장 4~5절, 갈라디아서 5장 24절

여정

복음파워

1

'내가 산을 향하여 눈을 들리라 나의 도움이 어디서 올까 나의 도움은 천지를 지으신 여호와에게서로다'

산처럼 밀려오는 문제 앞에서 사람을 의지하지 말고 여호와 하나님께 소망을 두어라. 호흡이 끊어지면 모든 것이 소용없다.

하나님은 천지와 만물을 지으시며 영원히 진실함을 지키시는 분이시다. 육신적 생각에 잡혀서 육신적 떡만을 생각하면 오병이어, 칠병이어의 기적을 일으켜주신 예수 그리스도를 알지 못하고 믿지 못하여 문제 앞에서 우왕좌왕하게 된다.

예수님은 율법주의와 기복주의에 빠져 있는 바리새인, 서기관을 향하여 '믿음이 작은 자들아 아직도 깨닫지 못하느냐?' '떡 다섯 개로 오천 명을 먹이고 주운 것이 몇 바구니며 떡 일곱 개로 사천 명을 먹이고 주운 것이 몇 광주리였는지를 기억하지 못하느냐?'고 말씀하셨다.

믿음의 광주리에 예수 그리스도에 대한 확신을 가득 담아라.

세상 풍습에 매여 영적인 축복은 놓치고 육신적인 떡에만 관심을 가진 종교인의 기복주의와 바리새인의 율법주의를 경계하라.

구원받은 하나님의 자녀로서 하나님의 말씀을 깨닫고 소유하여 오직 사탄의 머리를 밟아버린 메시아 창세기 3장 15절의 주인공, 예수 그리스도만을 담고 영적인 축복을 누리면 하나님의 축복덩어리가 된다.

시편 49편 20절, 121편 1~2절, 146편 4~6절, 마태복음 16장 8~9절

2

복음이 없으면 현실의 덫에 걸려서 두려워 떨게 된다. 두려움과 죽음을 뛰어넘는 하나님의 능력, 복음을 소유하라.

문화라는 이름으로 우상 숭배, 귀신 놀이, 중독에 빠져 정신병에 시달리는 엘리트들이 귀신 들린 자들에게 무릎 꿇는 이 시대, 귀신문화를 이용하여 장사하는 자들이 힘을 모아 이 세대를 재앙으로 몰아넣는 흑암을 보라.

때가 찼고 하나님 나라가 가까이 왔으니 회개하고 복음을 믿으라. 하나님의 능력 그리스도를 믿으면 생명의 부활로, 그리스도를 믿지 않으면 심판의 부활로 나오리라.

교회가 회개는 강조하는데 복음을 말하지도 않고 믿지도 않으니 재앙이 들이닥치는 것이다.

육체를 공격하는 마귀를 두려워하지 말라. 몸은 죽여도 영혼은 능히 죽이지 못하는 자들을 두려워하지 말고 오직 몸과 영혼을 능히 지옥에 멸하실 수 있는 이를 두려워하라.

이 세상 풍습을 좇아 공중 권세 잡은 존재에게 틈을 내어주어 죄와 허물로 죽었던 우리를 살리신 예수 그리스도를 믿으라.

흑암 권세가 장악하고 있는 이 땅에서 우리의 힘으로는 이길 수 없는 마귀의 일을 멸하라고 하나님이 주신 힘 그리스도, 하나님의 나라로 옮기는 길 그리스도, 과거의 상처와 영적 문제가 기억이 안 날 만큼 치유가 일어나는 힘 예수 그리스도가 곧 복음이다.

선한 목자이신 예수 그리스도를 따라가라. 선한 목자는 몸과 마음과 영혼을 구원하시고 보호하신다.

요한복음 5장 29절, 마가복음 1장 15절, 마태복음 10장 28절, 에베소서 2장 1~3절, 골로새서 1장 13절

3

신앙의 전환점이 있으면 늙어가는 인생이 아니라 예수 그리스도 안에서 익어가는 인생이 된다. 날마다 새로운 피조물로 거듭나 꿈을 꾸고 미래를 준비한다.

그 마음에 이르기를 하나님이 없다 하는 어리석은 자들은 영적인 전문성도 없이 육신적인 것에만 집착하며 살아가다가 이웃으로부터 소외되고, 자녀들로부터 버림받는다.

그렇다면 어떤 전문성을 가질 것인가? 흑암을 깨뜨리는 전문성, 그리스도, 그 이름의 권세로 자신을 살려내는 전문성, 복음으로 미래를 향하여 도전하는 전문성을 가져라. 운명을 바꾸지 않으면 만남이 아름답지 못하고 평생 상처만 받고 살아가지만 운명에서 해방되면 모든 문제 끝내신 예수 그리스도가 주인이 되어주심으로 그리스도 안에서 아름다운 만남의 축복 속에 있게 된다.

아무것도 없이 시작해도 괜찮다.

은과 금이 없어도 예수 그리스도 이름으로 시작하는 신앙의 전환점만 가지면 앉은뱅이도 일어나는 기적을 하나님이 일으키신다.

4

창세기 3장 15절, 메시아, 그리스도에 대한 영적 전문성도 없이 복음을 막는 것이 종교다. 손 씻는 문제로 시비 걸고, 말로는 부모를 사랑한다 하면서 마음으로는 미워하며 부모는 도와주지 않고, 교회에 헌금했다는 합리화로 거짓말하는 사악함이 종교적 습관이다. 복음의 본질을 잃어버린 종교적 습관은 악한 생각과 간음과 음란과 도둑질, 거짓과 비방이다.

오늘, 유대인의 율법적 종교사상을 치유하는 예수 그리스도의 교훈에 귀 기울여라. 손 씻는 문제로 근본 문제를 해결할 수 없다. 운명으로부터 해방되어 습관을 바꾸는 것이 복음이다.

복음을 소유하면 인생의 전환점이 오고 영적인 눈이 열리면 신앙의 전환점이 온다.

마태복음 15장 1~20절

5

세상 것에 영혼이 팔려 수다 떠는 인생으로 살지 말고 사도 바울을 강권하여 집에 머물게 했던 루디아와 같이 신앙의 전환점을 가진 제자로 살아라. 영적인 눈이 열리면 그리스도만 말하는 사도 바울을 집으로 초대하여 빌립보 교회를 탄생시킬 만큼 힘과 지혜가 온다.

사무엘을 키운 기도의 어머니 한나처럼 타락한 종교를 치유하는 힘을 가져라. 한나의 고통에 답을 주지 못했던 엘리 제사장의 교회는 교회가 아니다.

답도 없이 교회만 다니면 우물가 사마리아 여인처럼 반복되는 실패 속에서 목마른 인생을 살게 된다. 예수 그리스도를 신랑으로 맞이하는 신앙의 전환점을 가지면 기름 등잔을 가진 여인처럼 목마른 인생에서 기름진 인생으로 전환된다.

부활의 영, 성령을 힘입어 묶였던 것들이 풀어지는 자유와 해방이 있어야 진정한 복음이고 교회다. 종교에 속지 말고 복음에 길들여지는 신앙의 전환점을 가져라.

그리스도는 부요함을 주는 생명의 떡이다. 그리스도는 어둠을 이기는 빛이다. 그리스도는 생명이고 부활이며 길이고 진리다. 그리스도는 인생 여정에 열매를 주시는 살아 계신 창조주시다. 그리스도는 하늘과 땅의 권세를 가진 분이시다. 그리스도는 사망과 질병과 가난과 무능에서 벗어나게 하는 이름이다.

6

간질로 심히 고생하여 불에도 넘어지며 물에도 넘어지는 아이에 대하여 세상 지식은 천형이라 말하지만 예수님은 불치병이 아니라고 진단하셨다.

믿음이 작음으로 인하여 귀신 들려 패역한 이 시대, 예수님은 통제 불능의 후대를 치유하는 진정한 신앙고백과 믿음을 요구하신다. 세상에서 배운 지식과 육신적 판단으로는 문제를 해결할 수 없어서 포기해버리지만 예수님은 불치병 걸린 아이를 데려오라고 말씀하신다.

주변에서 일어나는 사건과 질병에 대하여 영적인 눈을 열어 확인해 보면 영적 문제라는 사실을 깨닫게 된다.

약으로 치유할 수 없는 불치병은 세상적 방법이 아닌 성령의 능력으로만 치유할 수 있다. 아골 골짜기의 마른 뼈들도 하나님의 말씀, 하나님의 생기가 들어가니 군대로 일어났다.

하나님의 말씀, 말씀이 육신이 되어 이 땅에 오신 예수 그리스도 안에는 치유의 활력과 운동력이 있어서 재창조의 능력으로 세포까지 살려낸다.

이 패역한 시대를 덮고 있는 흑암과 공허와 혼돈을 깨뜨리는 믿음, 하늘 배경을 갖는 믿음, 이 땅에서도 천국을 소유하는 믿음, 강한 자를 결박하여 현장을 정복하고 승리하는 믿음, 사망, 저주, 방황이 무너지는 길, 예수 그리스도를 믿는 믿음, 이 믿음을 소유하면 인생에 부요한 열매가 온다.

창세기 3장의 원죄에 묶인 우리를 창세기 3장 15절, 메시아, 그리스도 이름으로 풀어내는 영적 싸움을 시작하여 흔들리지 않고 포기하지 아니하면 능치 못할 일도 없고 부끄러움 당할 일도 없다.

하나님은 그리스도 예수 안에서 모든 필요를 채워주시고 완전한 승리도 주신다.

마태복음 17장 14~20절, 에스겔 37장 1~10절, 히브리서 4장 12절, 요한복음 1장 14절, 빌립보서 4장 19절

7

외롭고 위험한 곳에 있어도 우리와 함께하시는 임마누엘의 하나님 예수 그리스도를 영접하고 누리면 새로운 삶이 시작된다.

예수님이 마귀에게 시험을 받아 고독에 몸부림칠 때 천사들이 수종하였듯이 영적 싸움을 포기하지 않으면 반드시 하나님의 타이밍이 온다.

마귀는 거짓말쟁이다. 거짓말쟁이에게 속으면 하나님의 말씀이 들리지도 않고 믿어지지도 않는다. 그리스도의 영이 없으면 비고 소제된 곳에 일곱 귀신이 들어가 거함으로 나중 형편이 전보다 더 심하게 된다. 이것이 패역한 종교인의 실상이다.

고집대로, 성질대로 살지 말고 겸손하라.

사탄의 머리를 깨뜨려버린 창세기 3장 15절의 하나님, '에고 에이미' 스스로 계신 하나님의 이름으로 영적 전쟁을 쉬지 않으면 하나님은 우리의 망대가 되어주셔서 화평을 얻은 그루터기로 살아남게 되는 것이다.

마가복음 1장 13절, 요한복음 1장 12절, 8장 44~45절, 사도행전 2장 36절, 마태복음 12장 43~45절, 아가 8장 10절

8

하나님의 절대주권을 믿는 자세를 가져라. 환경으로 인하여 겁내지 말라. 주변이 산산조각 나더라도 하나님께서는 조각나지 않는 분이시다. 재주를 부려서 우쭐대려 하지 말고 실수를 범했을지라도 시달리지 말고 즉각 즉각 하나님께 회개하고 돌아오라.

예수 그리스도를 믿는 믿음으로 다시 시작하라.

외롭고 위험한 곳에 서 있었던 모세가 세상의 지식과 상식, 기준이라는 신발을 벗어버렸을 때 서 있던 그 땅이 거룩한 땅이 되었다.

상천하지의 하나님, 스스로 계신 하나님, 영혼에 생명을 불어넣으시는 하나님, 창세기 3장 15절의 주인공, 구원의 하나님, 이 땅에 육신을 입고 오신 여호와 하나님이 예수 그리스도시다.

사망 권세, 지옥 권세를 멸하시고 하나님 만나는 길을 열어주신 참 선지자, 예수 그리스도는 마귀의 일을 멸하신 참 왕, 우리 죄의 문제를 해결하신 참 제사장이시다.

마귀에게 걸려들면 가정과 후대가 쑥대밭이 되어 가인과 같은 살인자가 나온다.

인생의 모든 문제를 끝내주신 예수 그리스도를 믿고 주로 시인하면 구원에 이르고 예수 그리스도를 믿는 믿음으로 살면 부끄러움을 당하지 않고 부요함을 누리게 된다.

9

올바른 시작이 중요하다. 살아있음에 감사한다면 지금부터 새롭게, 바르게 시작하라. 시대를 읽는 통찰력이 없으면 이상주의, 세속주의, 바리새인으로 살면서 올바른 시작과 헌신이 있을 수 없다.

생명의 위협 속에서도 상천하지의 하나님을 믿은 기생 라합이 했던 올바른 헌신, 하나님의 일은 창세기 3장 15절, 메시아, 예수 그리스도를 믿는 것이다.

올바른 회개가 있어야 올바른 헌신도 가능하다. 울고불고 땅을 치는 것이 회개가 아니다. 진정한 회개는 삶의 주인을 예수 그리스도로 바꾸는 것이다. 예수 그리스도를 믿는 믿음으로 원죄를 해결하는 것이 진정한 회개다. 원죄 문제가 해결되지 않으면 반복적인 회개만 거듭하는 이상주의, 세속주의, 바리새인으로 살면서 허상에 갇혀 실상을 보지 못하고 어둠과 공허 속에서 살게 된다.

죄의 문제가 해결되면 구원받은 하나님의 자녀로서 기도를 통해 응답받은 증거를 가지고 전도의 축복을 누리게 된다.

올바른 시작이 되면 교회 안에서 언약의 흐름을 타는 만남의 축복 속에서 인간관계가 회복되어 로마를 무릎 꿇게 한 로마서 16장, 23인의 주역 제자들처럼 전도의 한 팀이 구성된다.

올바른 시작과 회개와 헌신이 있으면 유월절 십자가 사랑 속에서 하나님의 은혜가 넘치게 되고 성령의 인도 속에서 오순절의 축복을 받으며, 창고에 열매를 들일 만큼 수장절의 축복 속에서 가나안을 향한 40년의 여정이 시작되는 것이다.

요한복음 6장 29절

10

자신을 일으켜 세우지 못하도록 무능과 무기력으로 끌고 가는 사탄의 올무를 완벽하게 깨뜨려버리는 고백부터 시작하라. 이것이 성경적 결론이다.

예수는 그리스도.
십자가 구속의 사랑은 우리의 것이다.

우리는 하나님의 자녀.
하나님의 자녀 된 신분과 권세로 하나님 나라의 보좌의 축복은 우리의 것이다.

모든 문제 끝.
눈에 보이지 않는 성령의 역사도 우리의 것이다.

마귀야 가라.
사망 권세, 사탄 권세, 지옥 권세, 3저주를 풀어내는 영적 싸움으로 승리는 우리의 것이다.

성령 충만.
자신과 환경과 사탄을 이기는 영권, 그리스도 안에 있는 지력, 강철같은 체력, 만남의 축복, 경제력의 5가지 힘은 성령 충만으로부터 온다.

이 선포를 지속하면 하나님의 은혜로 하나님의 나라를 누리고 성삼위 하나님의 역사를 체험하여 땅끝까지 예수 그리스도의 증인으로 행진하는 매력적인 그리스도인이 된다.

11

하나님의 역사를 체험하게 되면 반복적으로 선포되는 창세기 3장 15절의 비밀이 날마다 다르게, 새롭게 느껴진다.

창세기 3장에 출현하여 아담과 하와의 가정을 무너뜨리고, 통제 불능의 후대, 가인을 생산한 사탄은 지금도 지속하여 우리를 속이고 있다. 그런데도 사탄의 머리를 밟아버린 창세기 3장 15절의 비밀, 예수 그리스도의 권능으로 영적 싸움하는 것이 지겹고 고통스러워서 지속하지 않는다면 그야말로 이상한 일이다.

창세기 3장 15절의 메시아가 주, 그리스도로 각인되어야 음부의 권세가 이기지 못하는 것이다. 누가 뭐래도 자신부터 창세기 3장 15절로 치유시켜라.

우리의 숨은 문제는 오직 하나님의 언약, 창세기 3장 15절로만 해결할 수 있다. 귀신 들려 무속에 빠진 자들을 향하여 예수 그리스도 이름으로 귀신을 내어 쫓았던 사도 바울의 성경적 사건이 지금도 동일하게 일어나고 있음을 깨닫고 영적인 눈을 열어야 한다.

그렇지 않으면 연속적으로 다가오는 재앙 속에서 인간관계가 무너지고 이상하고 찌질하게 늙어가는 인생으로 전락한다.

하나님의 말씀으로 자신과 주변에서 일어나는 사건들을 확인해 보라. 그 사건들 속에서 마귀가 역사했음을 알고 창세기 3장 15절, 메시아, 그리스도의 필요성을 깨닫게 되어 영적 싸움 속으로 들어가면 들어가는 만큼 응답과 누림이 오고 누림 속에서 하나님의 역사를 날마다 체험하게 된다.

사도행전 16장 18절

12

하나님의 역사는 생명의 빛으로 어둠을 밀어내는 것으로부터 시작되었다. 죄의 권세에 장악된 상태에서 광명한 천사로 자신을 가장한 이상주의, 군중의 인기와 돈에 매여 복음을 듣지 못하는 세속주의에서 벗어나야만 하나님의 타이밍을 놓치지 않는다. 우리 안에서 발작 증세를 일으키는 흑암부터 밀어내면 복음적 치유의 증거를 갖게 된다.

사무엘을 잉태한 한나처럼 하나님을 대적하는 모든 것을 사로잡아 산산이 무너뜨려라.

사도 베드로처럼 개인이 치유된 증거를 갖게 되면 40년 동안 성전 미문에 앉아있던 앉은뱅이를 예수 그리스도 유일성 하나로 일으켜 세우는 삶의 치유, 죽었던 다비다를 살려내고 로마의 군대장관 고넬료를 살려내어 이 패역한 세상을 치유하는 증거를 갖게 된다.

육신 생각 속에 있으면 하나님을 기쁘시게 할 수 없다. 육신의 생각, 세상으로부터 오는 견고한 진, 불신앙을 하나님의 능력으로 무너뜨려라.

하나님을 대적하여 높아진 모든 이론을 파하는 강력한 무기는 창세기 3장 15절, 사탄의 머리를 밟아버린 메시아 그리스도밖에 없다.

사무엘상 2장 10절, 고린도후서 10장 4~5절, 사도행전 24장 22~27절, 로마서 8장 6~9절

13

사람의 일과 하나님의 일을 분별하는 영적 지혜를 가져라. 성령의 사람은 사람의 일이 아닌, 하나님의 일을 생각한다. 성령의 사람은 복음으로 먼저 자신을 바꾸는 변화를 통해 세상을 변화시킨다.

엉뚱한 일에 관심을 가지고 예수님의 십자가 죽음과 부활을 방해하는 베드로에게 예수님은 '사탄아, 내 뒤로 물러가라'고 꾸짖으셨다. 예수님이 십자가를 지셔야만 사탄의 일이 꺾인다는 것을 말씀하신 것이다.

그리스도를 대적하는 사탄의 활동을 보지 못하면 개인은 이기적 욕망에 빠져 표적과 기사에만 관심을 두고 사회와 국가는 무속과 미신이 판을 친다. 하나님의 일과 이 세상일을 분별하는 지혜가 없으면 귀신의 활동을 이용하여 권세 잡은 자들에게 후대들의 미래를 빼앗긴다.

회개할 줄 모르는 사탄과 접속된 이 세상에서 하나님 나라와 접속하는 안테나를 세워라. 후대들이 도피성 안으로 들어가는 길을 안내하도록 영적인 안테나를 세워라.

공허와 혼돈과 흑암이 사로잡은 이 세상에서는 하나님의 빛, 생명의 빛 되신 예수 그리스도 이름으로 어둠을 밀어내야만 안전지대로 들어갈 수 있다.

마태복음 16장 21~28절, 창세기 1장 2~3절, 요한복음 1장 9절

14

기도를 생활화하면 땅으로부터 오는 지식이 아니라 위로부터 오는 지혜가 임하여 사람의 일과 하나님의 일을 분별할 수 있는 힘을 얻는다.

모든 만남과 시간과 장소 속에서 하나님의 계획을 보는 무시 기도와 시간을 정해놓고 하나님과 소통하는 정시 기도로 무한한 지혜를 얻으라.

하나님의 사랑이 영과 혼과 몸과 골수까지 스며들기를 기도하라.

거짓말과 욕심, 두려움은 내면에 숨겨 놓은 채, 광명한 천사로 가장하여 속이는 종교인의 말에 걸려들면, 만성 피로 증후군에 걸린다. 하나님의 형상으로 지음 받은 존귀한 존재라 할지라도 그리스도의 영이 없으면 멸망하는 짐승과 같이 된다.

자아를 부인하는 영적 싸움 속에서 예수 그리스도 이름으로 하나님 보좌의 영광 안으로 들어가면 이웃의 고통을 긍휼과 사랑으로 이해하고 도와주는 전도자의 가슴을 가질 수 있다.

고린도후서 11장 14절, 시편 49편 20절

15

안갯속같이 희미한 신앙 가운데 있으면 옛사람의 습관과 상처를 그대로 가지고 얼룩진 과거 속에 살게 된다.

사실상 예수님이 주와 그리스도이심을 믿지 않는 불신앙 속에 있는 것이다. 예수 그리스도의 유일성을 가지고 자아를 부인하는 영적 싸움이 생활화되면 하나님을 떠나서 각인된 생각과 습관, 상처들이 기억조차 나지 않을 만큼 치유된다.

오직 그리스도의 문으로만 출입해야 꼴을 얻는다. 선한 목자이신 예수 그리스도는 우리의 음성을 듣고 우리를 보호하신다.

사도행전 2장 36절, 요한복음 10장 7절

16

자아를 부인하고 예수님만 따라가면 이 세상이 감당치 못할 증거와 힘이 온다. 살아보려고 잔머리 쓰지 말고 오늘 어디에 관심을 두고 있는지 질문해보라. 진정한 신앙생활은 하나님의 말씀을 따라가는 것이다.

옛사람을 포기하지 않고 신앙생활 하는 것은 가짜다.

하나님의 자녀가 되면 수많은 문제들 속에서도 허우적대지 않고 하나님의 응답을 기다리는 기다림이 온다.

예수님은 반드시 우리 안에 하나님의 나라가 임해야 한다고 말씀하셨다. 하나님의 성령을 힘입어 귀신을 쫓아내는 것이면 하나님의 나라가 임한다.

하나님을 믿는다고 하면서도 끊임없이 사람의 일을 도모하게 만드는 강한 존재, 우리 영혼과 몸을 장악하여 욕심쟁이로 살게 만들고 무기력 속에서 열매 맺지 못하게 하며, 우리 인생을 도둑질하고 죽이고 멸망시키는 강한 자, 우리 속에 있는 원죄와 가문에 흐르는 저주를 끊어버려라.

말씀이 육신이 되어 이 땅에 오신 그리스도의 3중직, 왕·제사장·선지자의 권세로 3저주, 사망·사탄·지옥 권세를 무너뜨리면 많은 사람들에게 영향력을 줄 수 있을 만큼 매력적인 그리스도인이 되어 사람 낚는 어부가 된다.

누가복음 9장 23절, 요한복음 10장 10절, 마태복음 4장 19절, 12장 28~29절

17

바울이 걸어가는 복음의 여정에 깊숙이 개입하시는 하나님의 섭리와 보호를 보라.

전도자 바울을 죽이려고 음모를 꾸미는 유대인의 손에서 하나님은 로마의 백부장, 천부장, 벨릭스를 사용하여 바울을 보호하셨고 동시에 복음 들을 좋은 기회도 주셨으나, 출세의 야욕에만 빠진 정치군인들은 바울이 전하는 복음에 소극적인 태도를 보였다. 엉뚱한 데 관심을 가지면 잠깐 보이다가 마는 안개 같은 세상에서 허탄한 자랑만 늘어놓다가 정작 하나님이 원하시는 선을 행하지 못한다. 선을 행하지 않는 것은 죄다.

바울은 사랑하는 아들 디모데에게 경건의 모양만 가지고 소극적인 자세를 취하는 자들, 경건의 능력을 부인하는 자들에게서 돌아서라고 권면하였다.

흑암의 나라에서 하나님의 나라로, 사망에서 생명으로 옮겨지는 구원의 은혜를 받았다면 이웃을 사랑하지 않을 수 없다. 구원받은 은혜가 가슴에 새겨지지 않으면 무감각하고 무기력해져서 이웃을 사랑할 수도, 긍휼히 여길 수도 없다.

우리가 연약할 때, 아직 죄인이었을 때, 하나님과 원수 되었을 때 하나님은 독생자 예수 그리스도를 화목제물로 보내주시어 죄의 눌림으로부터 자유케 하셨을 뿐 아니라 우리로 하여금 그리스도 안에서 하나님의 의가 되게 하셨다.

이 사실이 믿어지는 순간부터 그리스도 안에서 기쁨의 날을 맞이하게 된다.

사도행전 23장 25~35절, 야고보서 4장 13~17절, 디모데후서 3장 5절, 로마서 5장 6, 8, 10절, 고린도후서 5장 21절

18

그리스도 예수 안에서 합력하여 선을 이루는 것이 복음의 여정이다. 복음의 언약 속에 있는 우리는 그리스도의 뜻대로 부르심을 입었으므로 복음의 여정 안에서 모든 것이 합력하여 언젠가는 선을 이루는 날이 오게 된다.

우리 안에서 행하시는 이는 하나님이시다. 하나님은 그의 기쁘신 뜻을 위하여 우리에게 소원을 두시고 행하게 하신다.

창세기 3장 15절, 여인의 후손, 메시아, 그리스도는 보좌를 하늘에 세우시고 그의 왕권으로 만유를 다스리시며 그의 눈으로 나라들을 살피시니, 거역하는 자들은 교만하지 말라.

복음의 여정을 가는 동안 평안히 눕기도 하고 자기도 하는 것은 우리를 안전하게 지키시는 여호와 하나님, 예수 그리스도께서 임마누엘로 함께하시기 때문이다.

오직 예수 그리스도와 십자가만 전한 바울은 바리새인, 서기관, 종교인의 음해에도 불구하고 죽지 않고 로마로 무사히 가게 되었다.

로마서 8장 28절, 빌립보서 1장 6절, 2장 13절, 시편 4편 8절, 66편 7절, 103편 19절, 이사야 7장 14절, 고린도전서 2장 2절, 사도행전 23장 11절

19

종교적 예배는 온몸을 오그라들게 하지만 복음적 예배는 묶인 것을 풀어버린다. 안식일에 열여덟 해 동안 사탄에게 매인 바 된 아브라함의 딸을 매임에서 풀어주신 예수 그리스도는 성령과 진리 안에서 예배하는 자를 찾으신다. 정치와 야합하여 군중심리를 따라가는 종교적 예배로는 운명으로 묶인 것, 사망으로 묶인 것을 풀어 줄 수 없다.

'실로암에서 망대가 무너져 치어 죽은 열여덟 사람이 예루살렘에 거한 다른 모든 사람보다 죄가 더 있는 줄 아느냐 너희에게 이르노니 아니라 너희도 만일 회개하지 아니하면 다 이와 같이 망하리라'

왜 갑자기 실로암 망대가 무너져 죽어야만 했는가. 그들이 죄가 있어서가 아니라 회개하지 않아서이다.

진정한 회개는 우리가 십자가에 못 박은 예수님이 우리의 주와 그리스도가 되셨음을 고백하는 것이다.

왜 이런 고통을 당해야 되는지 하나님께 대들고 삿대질하는 막연한 신앙생활에서 벗어나라.

하나님을 떠나는 순간 하나님이 열어주신 구원의 문은 예수님이 곧 그리스도라는 고백 안에 있다.

이것이 천국 비밀이다. 이 비밀이 없으면 흑암이 장악한 이 땅에서 사람의 힘으로 풀 수 없는 영적 문제와 재앙이 들이닥친다. 뱀의 머리를 깨뜨린 여인의 후손, 메시아 창세기 3장 15절로 하나님께 접속되어야만 여유로움과 평안을 가지고 안전지대에 머무를 수 있다.

누가복음 13장 4~5, 16절, 요한복음 4장 24절, 사도행전 2장 36절

20

그리스도 안에 있는 권세를 모르고 신앙생활을 하면 불신자보다도 낮은 수준으로 전락한다. 세상 사람들은 자연스럽게 거짓말도 하고, 남을 미워하기도 하지만 교회는 율법으로 죄책감을 주고 공포감을 조성하여 하나님께 매달려 헌신과 봉사를 하도록 강요함으로 오히려 삶이 쪼그라들게 만든다. 예측불허의 상황에서 언제 불화살을 맞을지 모르는 연약한 존재에게 시간이 갈수록 낙심할 일만 찾아오는데도 세상의 책들은 야망을 가지라고, 열심히 살라고 부추긴다.

이단 사이비들은 근거 없는 긍정적 마인드로 귀만 즐겁게 하는 교양강좌와 기복주의로 이기적 욕망을 부추기는 사탄의 미끼를 던져 미신사상, 불건전 신비주의, 기복주의로 돈을 갈취하여 바벨탑을 쌓는다. 그러다 보니 윤리, 도덕 수준이 세상 기준에 오히려 못 미치고 영혼은 답답하고, 어둠과 공허와 혼돈이 그들을 덮어버린다.

세상이 기독교를 우습게 아는 이유다.

21

기독교는 종교가 아니다. 종교 중 하나를 선택했다는 착각에서 벗어나라. 이 사실을 모르면 거짓된 종교사상에 끌려다니다가 깊은 고독과 슬픔에 빠져든다.

예수님이 메시아, 그리스도이심을 고백하면 인생의 전환점이 온다. 예수님은 B.C와 A.D의 전환점이시다. 예수님을 믿고도 달라지지 않으면 여전히 사탄의 공격을 받아 예수 믿고 망했다는 조롱을 당한다.

예수님이 진정 구원자이심을 믿는다면 자아를 부인하고 예수님을 따라가라. 예수님이 구원자, 그리스도이심을 고백하고도 사람의 일을 도모한 베드로를 향하여 예수님은 선포하셨다. '사탄아, 내 뒤로 물러가라'

이천 년 전 마가 다락방에 성령으로 역사하신 그리스도의 진리는 절대로 변하지도 망하지도 않는다.

기독교를 종교로 착각하지 말라. 그리스도는 길이요, 진리요, 생명이시다.

마태복음 16장 16~23절, 요한복음 14장 6절

22

가짜들은 절대로 '죽어야 사는' 법을 가르쳐주지 않는다.

사도 바울은 '우리 주 예수 그리스도 안에서 내가 자랑할 것은 단언컨대 날마다 죽는 것이다.'라고 고백하였다. '날마다 자신을 쳐서 복종시키는 것은 남에게 복음을 전파한 후 버림을 당할까 두려워서이다.'

'나는 죽고 그리스도가 내 안에 주인으로 사시는 것.' 이것이 거대한 로마를 굴복시킨 초대교회와 사도 바울의 힘이다.

고린도전서 9장 27절, 15장 31절, 갈라디아서 2장 20절

23

자아를 부정하는 영적 싸움에서 승리하면 다윗처럼 노래한다.

아침에 일어나 눈 뜨자마자 하나님과 연합하여 기도하고 찬양한다. 낮에는 여호와 하나님, 주 예수 그리스도께서 쉴만한 물가와 푸른 초장으로 인도하시기를 기도한다. 밤에는 전능하신 하나님, 그리스도께서 우리를 감찰하셨으나 흠을 찾지 못하셨음을 고백한다.

그리하면 하늘이 하나님의 영광을 선포하고 궁창이 그의 손으로 하신 일을 나타내신다.

시편 5편 3절, 17편 3절, 19편 1절, 23편 1~5절.

24

거듭남 없이 반쪽 예수, 죽은 예수를 믿으면 기도가 안 돼서 삶이 답답해지고 하나님 뜻에는 관심도 없이 육신적 욕망만 관철시키려고 이 교회, 저 교회 찾아다닌다.

부활하신 예수님이 참 왕, 참 제사장, 참 선지자, 그리스도가 되어주셔서 모든 문제를 끝내주셨으니 현실의 삶과 상관없이 항상 기뻐하라. 그리스도 안에서 이미 부요함을 받았다.

좋은 소식을 전하는 발걸음을 하나님은 기뻐하신다. 은혜의 복음을 들고 전도의 문턱을 넘어야 죄의 권세가 발목을 잡지 못한다.

로마서 10장 13~15절

25

하나님과 동행하는 임마누엘의 증거를 가지면 아무것도 없는 것 같으나, 모든 것을 가진 자가 된다. 하나님의 아들들에게는 모든 피조물들이 굴복한다.

임마누엘의 증거가 없으면 살아남으려고 악을 쓰다가 한계가 오면 소망 없는 무기력 상태로 묶이게 되는 것이다.

무기력 상태에 빠져 있던 모세를 이스라엘의 해방자로 부르신 하나님은 스스로 계신 여호와 하나님, 메시아, 예수 그리스도시다.

26

율법은 패망이고 복음은 소망이다.

집 나간 탕자가 율법으로 생각하면 집으로 돌아갈 수 없었다. 복음으로 아버지를 생각한 탕자는 아버지의 환대와 사랑을 받았다. 탕자를 맞이한 아버지는 살찐 송아지를 잡아 잔치를 열고, 가락지를 끼우고, 비단옷을 입히고, 신발을 신겼다. 하나님은 죽음보다 더 큰 사랑을 주셨다.

교만 떨지 말라. 교만한 바리새인들은 예수님을 조롱하고 괴롭힌 후, 십자가에 못 박아 버렸다.

누가복음 15장 11~32절, 사도행전 2장 36절

27

교만은 패망의 선봉이고 거만한 마음은 넘어짐의 앞잡이다. 하나님 앞에서 교만 떠는 것은 토한 것에서 뒹구는 것과 같다.

살아있을 때만 회개할 기회가 있다. 하나님은 말씀으로 우리와 소통하기를 원하신다.

죽은 자를 말씀으로 살리시고, 더러운 귀신을 말씀으로 내어 쫓으시고, 폭풍 치는 바다를 말씀으로 잠잠케 하시고, 앉은뱅이도 일으키신 예수님은 우월감에 빠진 교만 덩어리, 니고데모와도 대화하셨다.

멸망 받지 말고 구원받으라고 주신 창세기 3장 15절, 메시아, 그리스도에게 왜 마음을 주지 못하는가?

머리를 흔들며 예수님을 조롱하는 자가 되지 말라.

잠언 16장 18절, 예레미야 48장 26~27절

28

간음한 여인을 찾아 끌어내고, 망신 주고 죽이는 잔혹한 종교의 현장을 보라. 창세기 3장의 원죄를 모르면 사람을 이해하고, 사랑하고 포용할 수 없다. 율법을 이용하여 겁주는 자들을 창세기 3장 15절, 메시아, 그리스도 이름으로 대적하라.

율법은 창세기 3장의 원죄를 깨닫게 하여 그리스도께 인도하는 몽학선생일 뿐이다. 창세기 3장 15절, 원시 복음은 수렁에 빠진 자, 실수하고 실패하여 넘어진 자를 일으켜 세우라고 하나님이 주신 은혜다.

사탄이 만들어 놓은 영적 루트를 완전히 차단하라. 분쟁을 일으키거나 거치는 자가 되지 말라. 자신의 배만 섬기는 교활한 말을 삼가라.

광명의 천사로 위장하여 권력 가진 자 앞에서는 아첨하는 말로 유익을 챙기고 순전한 자들을 끌어다가 돌 던지는 바리새인, 종교인, 유대인의 행위에 겁먹지 말라.

갈라디아서 3장 24절

29

영적인 세계에 눈을 뜨지 못하면 이해 불가한 문제가 온다. 사탄은 우는 사자처럼 공격하므로 어느 날 불화살을 맞아서 집안에 연속적인 문제가 온다. 우리의 싸움은 혈과 육에 관한 것이 아니다. 눈에 보이지 않는 이 세상 신이 진노의 자녀로 살게 만든다. 환청을 듣고 생각에 속아 넘어가서 삶과 인격이 무너진다.

이 모든 문제의 해결자로 오신 예수 그리스도가 진짜 믿어지면 이 땅에서 의식주 문제로 시달리지 않는다.

창조주 하나님, 예수 그리스도께서 모든 문제를 다 끝내셨다.

베드로전서 5장 7~8절, 요한복음 19장 30절, 에베소서 2장 2~3절, 6장 10~20절

30

예수님을 핍박했던 예수님의 동생, 사도 야고보는 세상과 벗하면 하나님과 원수 되어 문제를 만들어내는 생산공장이 된다고 하였다. 하나님의 자녀 된 신분과 권세를 잃어버리면 순간, 분이 나서 변론하다가 쟁론하고 쟁론하다가 말쟁이로 전락하여 순간 기쁨을 빼앗긴다.

그리스도 이름으로 마귀를 대적하라. 그리하면 피하리라.

야고보서 4장 4, 7절

31

하나님을 아는 것이 지혜의 근본이다. 하나님을 모르고 대적하면 악마가 되어 기생충 같은 인생을 살게 된다.

자칭 하나님을 잘 믿는다고 여기는 유대인들에게는 꺼리는 이름이요, 세상 지식을 자랑하는 헬라 철학자들에게는 미련한 이름이지만 그리스도는 하나님의 능력이고 지혜다. 그리스도는 하나님의 형상이다. 그리스도의 빛이 우리 몸과 마음에 임하면 집안의 흑암이 떠나가고 몸에서 질병이 사라진다.

생명의 주를 십자가에 다시 못 박지 말라.

잠언 9장 10절, 고린도전서 1장 24절, 고린도후서 4장 4절, 사도행전 3장 14~15절

32

영원한 문제에 대한 영원한 해답이 있다면 우리는 기뻐할 수밖에 없다. 하나님의 말씀, 그리스도에 길들여지지 않으면 마귀의 자식으로 전락한다.

그리스도 예수를 영접하면 하나님의 자녀 된 신분과 권세를 누리게 된다. 그리스도를 믿는 믿음을 가졌다면 새 영, 살리는 영을 불어넣어라.

죽음 앞에서 떨지 말라. 하나님의 선물로 구원을 받았으니 겁날 것이 없다. 땅끝까지 가서 그리스도의 제자를 삼으라고 하나님은 하늘과 땅의 모든 권세를 주셨다. 그리스도를 소유한 하나님의 자녀를 통하여 하나님은 일하신다.

마태복음 28장 18~20절

33

교회 부흥에만 관심이 있어 헌금 많이 하고 기도를 많이 하면 사업이 잘되고 출세하고 죽을 병도 낫는다는 기대심리를 부추겨서 교회 부흥에만 관심을 가진 종교 지도자의 쇼에 속지 말라. 자칭 예수의 아들이라고 주장하는 바예수, 엘루마 박수무당은 총독 옆에 붙어서 복음 전하는 바울을 방해하다가 눈이 멀어 버렸다.

하나님의 형상을 잃어버리면 하나님의 생기가 사라져서 무서워하는 종의 영을 받아 일평생 죽기를 무서워하므로 우상 섬기는 마귀의 종으로 살다가 고독하고 비참한 인생을 맞이한다. 거짓과 악행이 가득한 정치 행위를 종교 세력과 붙어서 합리화하는 의의 원수들이 교회를 혼돈의 묵사발로 만들어버렸다.

그리스도를 거부하고 조롱하고 훼방했던 거짓 종교인 엘루마를 향하여 성령의 보내심을 받은 바울은 선포하였다. '보라 이제 주의 손이 네 위에 있으니 네가 맹인이 되어 얼마 동안 해를 보지 못하리라'

예수 그리스도를 욕되게 하지 말라. 박수무당 같은 거짓 예언자를 따라다니며 인생 낭비하지 말고 복음의 영적 군사요, 하나님 나라의 대사가 되어라.

성령의 지명을 받고 성령의 보내심을 받은 바울은 주의 손이 함께하는 증거 속에서 박수무당 엘루마를 꺾어버렸다.

우리 속에서 역사하는 죄의 권세와 사탄의 세력, 우리 영혼을 망치는 현장의 흑암 조직들을 눈으로 보고 영적 싸움으로 꺾어버리는 것이 종교개혁이고, 문화권 개혁이다.

히브리서 2장 14~15절, 사도행전 13장 11절

34

성령의 역사가 이천 년 전 마가 다락방의 역사로 끝난 것이라면 우리에게 더 이상 소망은 없다.

성령 하나님은 예수 그리스도시다. 성령 충만은 그리스도 충만이다. 그리스도는 영원하시다.

하나님과 우리 사이를 이간하여 마음과 생각 속에 두려움과 의심과 염려를 각인시키는 창세기 3장, 뱀의 머리, 사탄의 머리를 창세기 3장 15절, 여인의 후손, 메시아, 그리스도 이름으로 밟아버려라. 유월절 어린 양의 피를 문설주와 인방에 바르면 결단코 사망과 질병과 재앙이 넘어간다.

출애굽기 3장 18절, 12장 13절

35

감정적인 신앙이나 지적인 신앙, 율법적인 신앙에서 벗어나 십자가 중심의 신앙을 회복하라. 십자가 중심의 신앙을 소유하면 예수님이 십자가 죽음으로 약속하신 그리스도의 부활과 승리가 몸에서 증거로 나타난다.

십자가 중심의 신앙은 창세기 1장 1절, 창조주 하나님이 뱀의 머리를 깨뜨린 창세기 3장 15절, 언약의 하나님이시라는 믿음으로부터 출발한다.

창세기 3장 15절의 언약은 절대로 변하지 않고 반드시 성취된다는 믿음을 영혼에 각인시키면 그리스도의 십자가만 따라가겠다는 결단력과 분별력을 소유한 제자의 길을 간다.

사람의 말만 듣다가 엉뚱한 길로 가는 감정적인 신앙을 버리고 의지적 믿음으로 십자가 중심의 신앙을 가져라. 십자가 중심의 신앙은 자신을 쳐서 복종시키는 영적 싸움으로 내면의 불신앙과 싸워 이기는 것이다.

불신앙과 싸우지 않으면 결정적 사건이나 문제 앞에서 비겁하거나 교활해진다.

십자가 중심의 신앙을 가지고 싸움의 대상을 정확히 알았던 다윗은 맹수가 양을 움킬 때 자신의 불신앙과 싸웠고, 블레셋과의 전쟁에서 칼과 창이 아닌 하나님의 권능으로 이겼으며, 사울 왕의 몸에서 악령을 내어 쫓은 증거와 천사들이 수종드는 체험이 있었다.

십자가 중심의 신앙을 가진 아리마대 사람 요셉을 보라. 당돌하고 당당하게 빌라도를 찾아가 예수님의 시체를 가져다가 장례를 거행한 그는 결단의 힘을 가진 믿음의 사람이었다. 오병이어의 기적을 일으키신 예수님이 성경대로 십자가에서 죽으시고 예언대로 부활하실 그리스도이심을 믿었던 그는, 하나님의 일에 쓰임 받은 숨은 제자가 되었다.

36

하나님의 귀한 일에 쓰임을 받고 가문 대대로 복을 받은 그리스도의 숨은 제자, 십자가 중심의 신앙을 가진 니고데모를 보라.

성공한 고관이자 부자였던 니고데모는 거듭남의 도를 알지 못하여 어머니 뱃속에 다시 들어가야 중생하느냐는 질문으로 예수님께로부터 무시를 당한 경험이 있었지만 예수님의 책망을 마음속 상처로 두지 않고 예수님의 말씀을 가슴에 새겨놓았다.

'모세가 광야에서 뱀을 든 것 같이 인자도 들려야 하리니 이는 그를 믿는 자마다 영생을 얻게 하려 하심이니라'

'하나님이 세상을 이처럼 사랑하사 독생자를 주셨으니 이는 그를 믿는 자마다 멸망하지 않고 영생을 얻게 하려 하심이라' 하나님의 사랑은 십자가 구속의 사랑이다.

반드시 나무에 달려 죽음을 당해야 하는 예수님의 십자가 구속의 사랑으로 우리가 구원을 받았다는 지상 최고의 메시지를 가슴에 담으면 니고데모처럼 만왕의 왕, 예수 그리스도를 위한 향품과 세마포를 내어놓을 수 있을 만큼 행동하는 믿음이 온다.

요한복음 3장 4, 14~16절

37

예수 그리스도 안에서 그리스도로 하나 되지 못하고 엉뚱한 것으로 하나 되고자 성을 쌓는 것이 바벨탑이다. 언약의 족보, 복음을 전달받은 셈의 족속을 통해 아브라함에게까지 언약이 전달되었듯이 하나님은 복음의 바톤 주자들, 언약의 후손들을 통하여 일하신다. 평상시 언약을 전달받고 언약의 흐름을 타면 장자가 아니어도 하나님은 역사하신다.

시아버지를 속인 다말, 여리고 성의 기생 라합, 다윗을 유혹한 밧세바, 혼인하기 전 아이를 잉태한 마리아를 통하여 하나님은 일하셨다. 실수했던 자신을 깨닫고 인정하면, 수용하고 이해하고 기다리는 힘이 온다.

창세기 11장 4, 29절

38

행함이 없는 믿음은 영혼 없는 몸이 죽은 것 같이 죽은 믿음이다. 예수 이름을 팔아 욕심대로 살며 성공지향주의로 욕망에 이끌려 광명한 천사의 가면을 쓰고 자기방어에 급급한 위선자로 살지 말라.

두 주인을 섬기지 말라. 창세기 3장 15절, 메시아 구원의 주, 예수 그리스도 이름으로 내면에 똬리를 틀고 앉아있는 또 하나의 주인, 사탄의 일을 무너뜨려라.

사탄의 거짓말을 해부하라. 창세기 3장의 사탄은 하나님의 음성인 것처럼 거짓말로 속삭인다. '이 땅에서 행복해야 해.' 욕망에 따라 이기주의로 살라는 것이다. '이 땅에서 기쁘게 살아야 해.' 죽지 않을 것처럼 살라는 것이다.

하지만 예수님은 말씀하신다. '자기 목숨을 얻는 자는 잃을 것이요 나를 위하여 자기 목숨을 잃는 자는 얻으리라'

하나님께 순복하는 행동하는 믿음, 살아있는 믿음은 마귀를 대적하여 이기적 세속주의자는 죽고 우리 안에 그리스도께서 주인으로 사시는 것이다.

야고보서 2장 26절, 마태복음 10장 39절

39

교회를 오래 다니고 봉사를 많이 한다 할지라도 하나님이 누구신지도 모르고 욕심대로 감정대로 '주여, 주여.' 찾는다고 해서 구원얻는 것이 아니다.

창세기 3장의 중요한 사건을 알아야 하나님의 유일한 해결책 창세기 3장 15절, 메시아, 그리스도를 듣고 하나님을 믿게 된다. 창세기 3장 15절의 하나님, 메시아, 예수 그리스도를 영접하는 것이 구원이다.

구원받고 성령 받으면 지긋지긋하게 안 풀렸던 운명의 문제에서 해방된다.

옛 뱀, 큰 용, 마귀, 사탄, 속이는 자는 하나님과 우리 사이에서 처음부터 끝까지 이간하고 참소하여 우리 몸에 강력한 욕망을 심어 하나님을 떠나게 만들었다.

마귀에게 속으면 24시간, 처음부터 끝까지 재앙 속으로 끌려가 욕망을 이루어줄 신만 찾아다니다가 종교와 철학에 빠지거나 세상적인 학문이나 정치, 문화에 빠져 혼돈과 공허와 어둠 속에서 이 세상 신, 세상 임금에 매여 시달리며 살게 되는 것이다.

분열과 분노와 전쟁으로 가득한 네피림 시대에 우리를 속이는 자, 마귀의 궤계를 능히 대적하기 위하여 하나님의 말씀, 그리스도로 전신 갑주를 입으라.

예수 그리스도 안에서 하나님과 하나 되는 전도자의 이미지를 가지고 이 땅에서 사도행전 1장 8절의 말씀을 성취시키는 전도 제자의 삶을 살아라.

'오직 성령이 너희에게 임하시면 너희가 권능을 받고 예루살렘과 온 유대와 사마리아와 땅 끝까지 이르러 내 증인이 되리라 하시니라'

요한계시록 12장 1~9절, 요한복음 16장 11절, 에베소서 6장 11절, 사도행전 1장 8절

40

지금까지는 하나님이 누구신지 너무나 막연히 알고 있었으나, '아하, 내가 십자가에 못 박은 예수님이 나의 주, 창조주 하나님, 창세기 3장 15절, 메시아, 그리스도시구나.' 깨닫고 하나님의 이름이 예수 그리스도시니 예수 그리스도 이름으로 기도해야만 기쁨이 충만해진다는 사실을 믿을 때, 예수님과 하나님이 하나이시듯 우리도 하나님과 하나 될 수 있다.

창세기 3장 15절, 사탄의 일을 멸하신 메시아, 그리스도와 하나 되면 365일 두려워할 필요가 없다.

사도행전 2장 36절, 요한복음 16장 24절, 17장 23절

41

하늘과 땅을 진동케 하실 창조주 하나님, 만왕의 왕, 예수님이 능력이 없어서 십자가 죽음을 맞이하신 것이 아니다. 로마 군인에게 잡히시던 날, 말고의 귀를 잘라버린 베드로에게 예수님은 말씀하셨다.

'너는 내가 내 아버지께 구하여 지금 열두 영 더 되는 천사를 보내시게 할 수 없는 줄로 아느냐 내가 만일 그렇게 하면 이런 일이 있으리라 한 성경이 어떻게 이루어지겠느냐'

땅에 떨어진 말고의 귀를 다시 붙여주신 예수 그리스도는 심판의 주, 의의 왕, 창조주 하나님이시다.

마태복음 26장 53~54절

42

영적 싸움 없는 신앙생활은 하나님과 원수 되어 사탄의 종노릇하는 것이다.

어둠의 나라에서 하나님의 나라로, 사망에서 생명으로 옮겨진 우리는, 이제 예수 그리스도의 십자가 희생과 사랑을 본받아 헌신과 섬김과 봉사로 전도와 선교의 문을 여는 로마서 16장의 주인공, 그리스도의 제자가 되었다.

로마서 8장 7절

43

지난날의 실수와 실패와 약점 때문에 눌리고 시달리며 괴로워할 이유가 없다.

예수 그리스도는 십자가 죽음으로 하나님과 우리를 화목하게 하시어 거룩하고 흠 없게 하시고 책망할 것이 없는 하나님의 자녀로 인치셨다. 우리가 십자가에 매달아 죽인 예수가 우리의 주, 그리스도가 되어주셨다.

이제는 그리스도를 믿는 믿음의 터 위에 굳게 서라. 복음의 소망 안에서 흔들리지 말라.

사도행전 2장 36절

44

하나님의 말씀이 우리 안에서 살아 움직이면 성령 충만, 지혜 충만이 임하여 사람들로부터 칭찬을 받는다. 이것이 초대교회의 증거였다.

우리의 싸움은 혈과 육을 상대하는 것이 아니다. '마귀의 간계를 능히 대적하기 위하여 하나님의 전신 갑주를 입으라' 마귀는 우리의 삶에 태클을 걸어온다. 약점을 잘 알고 있어서 어디를 공격하면 넘어지고, 자빠지고, 깨지는지를 잘 알고 있다.

마귀가 주는 힘을 가지고 오만한 자의 자리에 앉아 교만을 떨고 있는 이 시대에 하나님의 말씀을 약속으로 믿고 인내로 지키면 눈에 보이지 않는 성삼위 하나님께서 지키시고 보호하신다.

옛사람으로 살지 말고 새로운 피조물이 되어 혈과 육으로만 사는 이 세상에서 다르게 살아라. 하나님의 자녀 된 신분과 권세에 대한 강한 확신을 가져라. 시공간을 초월하시는 하나님께서 성령 충만을 선물로 주시고 빛의 경제도 허락하신다.

에베소서 6장 11절, 요한계시록 3장 9~10절

45

하나님의 경륜을 가지고 많은 일을 할지라도 구원의 누림이 없으면 결정적 순간에 무너진다.

도시 속 광야에서 살고 있는 우리 자신을 살려내는 예수 그리스도의 권세를 모르면, 세례 요한처럼 광야에서 '독사의 자식들아 회개하라.'고 외치기는 하는데 결정적 순간에 예수님이 그리스도라는 사실을 의심하고 두려워하다가 거짓 위정자의 손에 죽임을 당한다.

사도 바울이 날마다 자신을 쳐서 복종시킨 것은 복음을 전파하고 버림을 당할까 두려워함이었다.

고린도전서 9장 27절

46

복음은 깨닫는 마음과 보는 눈과 듣는 귀를 가져라. 현재적 하나님이 지금 우리와 함께하신다. 영적 권위를 회복하라. 하나님은 과거적 하나님이 아니시다.

현재적 증인이 되어 하나님의 말씀으로 오늘을 해석하면 미래에 대한 근심이 사라진다.

신명기 29장 4절

47

분별력을 가져라. '만일 너희 속에 하나님의 영이 거하시면 육신에 있지 아니하고 영에 있나니 누구든지 그리스도의 영이 없으면 그리스도의 사람이 아니라'

'사랑하는 자들아 영을 다 믿지 말고 오직 영들이 하나님께 속하였나 분별하라 많은 거짓 선지자가 세상에 나왔음이라 이로써 너희가 하나님의 영을 알지니 곧 예수 그리스도께서 육체로 오신 것을 시인하는 영마다 하나님께 속한 것이요 예수를 시인하지 아니하는 영마다 하나님께 속한 것이 아니니 이것이 곧 적그리스도의 영이니라' 육체로 오신 것을 시인하는 자만이 하나님께 속한 자다.

'태초부터 있는 생명의 말씀에 관하여는 우리가 들은 바요 눈으로 본 바요 자세히 보고 우리 손으로 만진 바라'

예수님의 십자가 죽음과 부활을 통해 하나님의 자녀 된 명분을 얻게 된 우리가 하나님 나라와 그 의를 위하여 헌신할 때 하나님은 가장 기뻐하신다.

예수 그리스도의 십자가 사랑을 기억하라. 우리가 듣고 보고 만진 바 된 예수 그리스도의 증거를 가지고 땅끝까지 복음을 전하는 전도 제자의 대열 속에서 행진하라. 이것이 복음의 여정이다.

로마서 8장 9절, 요한일서 1장 1절, 4장 1~3절

48

그리스도께서 만일 다시 살아나지 못하셨으면 우리가 전파하는 것도 헛것이요 또 우리의 믿음도 헛것이다.

죽음을 이기고 부활하신 예수 그리스도를 전파하는 우리는 이방인을 위한 하나님의 택한 그릇이다.

모든 만남 속에서 땅끝까지 생명 살릴 자, 생명을 남기는 자, 미래의 바톤 주자를 세우는 그리스도의 매력적인 전도 제자가 되어라.

49

신앙생활은 어렵고 복잡한 것이 아니라 쉽고 단순한 것이다.

복음을 가졌는가? 복음을 가졌다면 과거, 현재, 미래 문제는 다 끝난 것 아닌가?

하나님이 주신 복음을 받아들이지 아니하면 예수님을 십자가에 못 박은 패역한 유대 종교인이 되어 열매 없는 나무처럼, 거친 파도처럼, 이성 없는 짐승같이 본능적으로 살다가 멸망한다.

패역한 종교는 빼앗고 죽이는 것이지만 복음은 사랑으로 살리는 것이다.

완악한 유대종교인들은 자신들이 악한 농부라는 것을 알고도 바꾸려하지 않았다. 자아중심으로 사는 것은 잔인한 일이다. 아무리 착하게 살아도 복음도 없고 성령의 역사도 없이 하나님의 나라를 이루지 못하면 그 집에 일곱 귀신이 들어가 그 사람의 나중 형편이 전보다 더욱 심하게 된다.

영혼이 잘 되면 범사가 잘되고 강건해진다. 하나님이 주신 복음, 그리스도 예수 안에 있는 생명이 증거로 나타나면 땅끝까지 그리스도의 증인이 되는 것이다.

유다서 1장 10절, 마태복음 12장 43~45절, 요한삼서 1장 2절, 요한일서 5장 11절, 사도행전 1장 8절

50

초대기독교는 목숨 걸고 시작되었지만, 지금의 기독교는 무가치한 세상 것에 목숨을 걸고 있다.

그리스도인은 순례자다. 순례자는 이 땅의 것을 가지려 몸부림 칠 필요가 없다. 이 땅의 것을 잠시 누리는 것이다.

원시 복음, 창세기 3장 15절의 메시아, 그리스도를 발견한 순례자는 솔로몬처럼 모든 것이 헛되고 헛되다는 것을 알게 된다.

사도 바울 또한 최고 가치 그리스도의 비밀 외에는 모든 것이 배설물이라고 증거하였다.

51

어떤 상황을 만나더라도 시달리지 않는 비밀은 완전한 복음을 확신하고 그 증거를 확인하면서 가는 것이다. 복음을 확신하고 지속하는 우리를 하나님이 위하시고 보호하시면 그 누가 대적하겠는가.

독생자 아들을 내어주신 하나님이 어찌 모든 것을 주시지 않겠는가. 의롭다 하신 이가 하나님이신데 사탄이 어찌 참소할 수 있겠는가.

그러나 복음을 지속하지 못하면 두려워하고 무서워하는 그것이 욥의 몸에 미친 것처럼 마귀가 가룟 유다에게 들어가 예수를 팔려는 생각을 집어넣은 것처럼 매사에 시달리게 된다.

아무리 율법을 잘 지켜도 곤고하고 시달리는 삶을 살 수밖에 없는 이유는 지체 속의 다른 한 법, 죄의 법이 사로잡기 때문이다.

세상의 철학과 사상으로 혼미케 하는 존재를 잡고 보니 큰 용, 옛 뱀, 마귀, 사탄이었다. 이 존재를 인정하지 않으면 자아 중심으로 살다가 마귀와 그 사자들을 위해 예비된 영원한 불에 들어간다.

독생자 예수 그리스도께서 주가 되어주시면 죄와 사망의 법에서 해방되는 것이다. 이것이 복음이다.

하나님을 열심히 특심으로 믿고 율법을 흠 없이 잘 지켰으나 죄인의 괴수로 살던 사울은 예수 그리스도를 만나고 그 앞에 무릎 꿇었을 때 전도자 바울이 되어 전혀 다른 삶을 살게 되었다.

율법의 올무에서 벗어나 그리스도의 제자로 살아가는 삶, 이것이 복음의 여정이다. 복음파워를 가지고 복음의 여정을 가는 것이 제자의 길이다.

로마서 7장 21~23절, 8장 32~33절, 욥기 3장 25절, 요한복음 13장 2절, 요한계시록 20장 2절, 마태복음 25장 41절

편집장의 글

책을 만들 때 마다 '이 책'을 고르고, 읽고, 밑줄을 그을 '미지의 독자'를 상상하는 것은 즐거운 일이다. 더불어 각각의 책마다 떠오르는 '그 사람'이 있다.

작년 봄, 멕시코시티 소칼로 광장 벤치에 홀로 앉아있던 캐나다인 중년 여성, 린지가 바로 '그 사람'이다.

특별한 '스피릿'을 받기 위해 여행왔다는 그녀는 광장을 돌아다니는 지저분하고 괴기스런 주술사로부터 '기'를 받았노라고 했다.

다그치고 지적하는 율법이 싫어서 침례교회를 떠나 엄격한 규율 없이 드리는 예배형식이 좋아서 퀘이커 교도가 되었지만 여전히 답답하고 갈급해서 하나님의 음성을 직접 듣기 위해 요가와 명상에 열심을 내고 특별한 '기'를 받을 수 있는 곳이라면 먼 나라든 어디든 여행을 다닌다고 했다. 어릴 적 예뻤을 것이라 짐작되는 눈매는 질병에 대한 두려움으로 가득했고 피부는 온통 검푸른 반점으로 뒤덮여 있었다.

영적인 세계에 대한 분별력이 없으면 온갖 잡신을 끌어들이는 미신, 종교사상에 매몰되기 쉽다.

테러방지 가림막으로 반쯤 가리어진 대통령궁과 거대한 메트로폴리탄 성당 또한 어둠과 캄캄함이 깊게 드리워져 있었다.

종교의 희생양이 된 린지의 손을 잡고 간절히 함께 기도하던 그 때를 떠올리니 '복음파워'가 선포되는 '이 책'의 메시지가 더욱 귀하게 다가온다.

2024년 2월 편집장

복음파워

지은이 김서권
1판 1쇄 발행일 2024년 2월 8일
1판 2쇄 발행일 2024년 2월 28일
1판 3쇄 발행일 2024년 3월 4일

발행처 도서출판 HIM
발행인 김서권
편집 김유순, 김수영, 김덕건, 유재언, 최우림, 성민근
표지·편집 디자인 진성현
기획 및 홍보 이명석, 서진희

등록번호 제 22 - 3166호
등록일자 2007년 7월 26일
137-074 서울시 서초구 서초중앙로24길 55 중앙서초프라자 202호
Tel 02-594-9101 / Fax 02-537-8771

저작권자 ⓒ 2024 HIMBOOKS
이 책의 저작권은 HIMBOOKS에게 있습니다.
저자와 출판사의 허락 없이 내용의 일부를 인용하거나 발췌하는 것을 금합니다.

ISBN 979-11-969964-9-9 (03230)

독자의견 전화 02-594-9101
이메일 LMS2121@gmail.com

이 도서의 국립중앙도서관 출판예정도서목록(CIP)은 서지정보유통지원시스템 홈페이지
(http://seoji.nl.go.kr)와 국가자료종합목록 구축시스템(http://kolis-net.nl.go.kr)에서 이용
하실 수 있습니다. (CIP제어번호 : CIP2020004157)